미래의 형이상학

FUTURE METAPHYSICS(1st Edition)
by Armen Avanessian

미래의
형이상학

아르멘 아바네시안 지음
한정라 옮김

한울
아카데미

차례

옮긴이의 글

 이 글은 형이상학이라는 분야에 낯선 독자를 위한 글이다. 이 책의 목차와 찾아보기는 일반적인 형이상학적 개념들이지만 내용은 전반적으로 최근의 것이다. 전체적인 조망과 안내가 필요하다고 생각하여 중요하게 언급된 개념과 사상가들도 짚어 보았다. 길잡이로서 도움이 되었으면 한다.

 저자는 인스타그램에서 스스로를 하이퍼스티션hyperstition 연구자, 출판활동가, 철학자라고 소개하고 있다. 하이퍼스티션은 사이버네틱 컬처 리서치 유닛CCRU이 마술적 개념으로 창안한 개념으로 기본적으로 허구가 허구 바깥으로 나와 실재가 된다는 의미이다. 저자는 하이퍼스티션을 '미래로부터 스스로를 실현하는 허구'를 의미하는 용어로 보고, 오늘날 '자본주의 글로벌 네트워크 안에서 문화와 정치 발전의 논리를 개념화하고 탐색하는 데 도움이 될' 하나의 후보 개념으로 소개한다. 여기서 허구가 수행하는 역할도 중요하지만, 저자의 강조점은 '미래로부터'라는 방향성이다. 이 방향성이 정치·문화뿐만 아니라 생태계는 물론 과학기술과 인간의 전반적 문제를 논의하는 데 핵심적이다. 이런 의미에서 이 저서는 저자가 말한 하이퍼스티션의 물음, 즉 '우리 현재의 기원을 미래에 두고, 이 새로운 시간성에 대한 진보적 접근이 가능할지 그리고 이것이 어떤 모습일지를 묻는' 작업이라고 할 수 있겠다. 진보는 보통 과거에서 현재와 미래로 나아가는 변화나 발전으로 이해되어 왔다. 그러나 저자에게 '진보적'이란 '미래로부터 과거의 방향으로 거꾸로 오는 시간의 확장'을 의미한다. 이에 따라 진보적인 사유와 실천도 방향이 바뀐다. 즉, 미래로부터 현재를 바라보고 거기서 우리의 문제와 갈등이 무엇인지를 이해하고 도전하는 것이다.

그런데 사실상 오늘날은 '미래'가 유행어가 되었다. 진보나 보수나 미래를 언급한다. 저자는 반동적인 하이퍼스티션과 해방적인 하이퍼스티션을 구별해야 한다며, 해방적이고 진보적인 하이퍼스티션이야말로 가능한 한 다르고 더 나은 미래를 지향해 온 소수집단들이 오랫동안 사용해 온 기술 중 하나라고 말한다. 『미래의 형이상학』을 읽어가면서 저자가 의미하는 '미래'를 짐작할 수 있었다. 이 미래는 미리 정해진 고정된 이상향이 아니다. 허구이기에 어디에도 속하지 않으며, 예상치 못한 것, 낯선 것에 항상 열려 있는 미래이다. 인식론적으로 계속 탈주하고 형이상학적 사변의 힘으로 끊임없이 구상되어야 하며, 실천을 통해 실재가 되는 허구로서의 미래이다. 더구나 이 미래는 기후, 동물, 해양, 그리고 지적 기계와 같은 비인간 행위자들은 물론, 비가시적인 난민들, 아직 존재하지 않은 후손들, 우리에게 낯설게 다가오는 것들을 새로운 정치 주체로 참여시키는 미래이다. 이 의미에서 미래는 이질적이다.

'미래로부터' 현재를 바라보기 위해서는 새로운 개념들이 필요하고 형이상학의 재정비가 요청된다. 저자는 고대부터 현대에 이르는 형이상학을 검토하고 현재 형이상학이 처한 상황을 진단한다. 형이상학은 구체적인 자연을 관찰하고 그것 너머를 숙고하는 자연–철학적 통일로서 시작되었고, 특정 시기에 "자연" 또는 "자연적"이라고 간주되던 것에 대한 논쟁과 함께 변해오면서 함축된 역사적 의미를 지닌 질문을 계속 내놓았다. 비록 형이상학적 사변은 진부하다는 편견도 있고 수학적 합리성에 밀리기도 했지만, 그 사변의 힘은 수학을 비롯해 물리학과 생물학은 물론 과학기술 분야에서도 이어지고 있다. 그런데 오늘날 자연과 기술, 인간사회의 급격한 변화와 밀려오는 도전에도 불구하고 형이상학적 사고가 멈추어버린 것 같다는 것이다. 우리의 경험으로 말해보자면, 실재와 이에 대한 우리의 사고 사이에 간극이 점점 더 커지고 있다. 실재와 사고의 상응이나 상관관계가 설득력을 잃고 있다. 우리에게 익숙한 실체와 우유성 개념도 문제다. 군사 재해, 핵 참사, 금융계의 글리치 등이 우유적인가? 이들은 실체를 전복시킬 잠재력이 있다. 부분을 더 이상 전체의 일부로만 볼 수 없다는 생각은 이제 상식이다. 시간도 혼돈스럽다. 이제 겨우 기후변화를 '느린 폭력'의 형태로 이해했는데, 즉흥적이고 갑작스러운 재앙으로도 경험한다. 탈인간, 초인간, 비인간 등 인간이란 무엇인가에 대한 끊임없는 물음 속에서 '인간은 없고 오직 인간되기만' 있다. 생태계의 파괴, 전쟁, 난민, 과학기술의 혁명, 지식의 디지털화 등에서 오는 문제들도 전체적인 파악이 불가능한 문제로 미래의 갈등을 키운다. 대립이 첨예한 변화는 성별과 세대, 국가, 문명과 문화, 종교 간, 나아가 우리 자신과의 갈등에서도 경험한다.

더군다나 형이상학을 재정비해야 할 이유가 또 있다. 저자는 오늘날 독단을 피하려고 형이상학적인 발언을 절제하려는 태도가 역설적으로 광신주의를 키웠다고 진단한다. 특권적 지위를 자처하며 보수적이거나 반동적인 정치에 봉사하는 종교의 도구화가 이를 증명한다. 이에 저자는 도덕적 호소나 비판이 아니라, 형이상학이 '자신의 독특한 사변적 잠재력을 상기하고 미래를 사변적으로 구상함으로써', 즉 '사변적으로 구상한 그 미래와 사실상의 동지애를 확립'함으로써 모든 형태의 광신적 사고에 대응할 수 있다고 주장한다.

그런데 왜 아직도 형이상학적 사유이어야 하는가? 여기서 저자가 하이데거의 작업에 기대어 형이상학의 '무대상성'에서 형이상학의 급진성을 끌어내는 것에 주목할 필요가 있다. 현존재로서의 인간이 그가 사유해야 할 것을 스스로 찾아 물으며 그에 답해가는 과정이 형이상학의 급진성이며, 이를 수행해가는 것이 사변의 힘이라는 말이다.

각 장에서 저자는 여러 사상가의 중심 개념을 가져오면서 형이상학적 사유를 재정비한다. 그리고 마지막에 형이상학의 사변적 사고를 이질적 사고Xenoesis로 제시한다.

1장 형이상학. 형이상학에 대한 검토. 철학과 과학의 관계에서 폴 비릴리오의 속도에 대한 질주학적 허무주의, 과학과 형이상학의 얽힘에 대해 브뤼노 라투르, 자연법칙에 대한 비트겐슈타인과 화이트헤드의 성찰, 새로운 시대와 관련하여 발터 베냐민의 기원 개념.

실체/우유성. 절대적 우발성의 필연성, 재앙의 알고리즘적 성격에 대해 기술 철학자 육휘, 탈주기술, 루치아나 파리시의 알고리즘의 예측불가능성, 래이 브래시어의 사변적 허무주의, 재앙과 형이상학적 시간 개념에 대해 장 피에르 뒤피, 종말 또는 재활론, 시간과 가능성과 우연에 대한 퀑탱 메이야수의 사변적 유물론, 자연법칙과 자연정치학, '글리치'와 새로운 (비)정상, 뇌가소성과 우발적 사고의 존재론에 대한 신경철학자 카트린 말라부의 연구.

형상/질료. 물질성에 대한 프리드리히 키틀러의 통찰, 비물질성 또는 탈물질화 이데올로기와 관련한 캐서린 헤일스의 통찰과 알고리즘에 관한 에드 핀의 연구.

삶/죽음. 가속주의적 제노페미니스트 철학자들에 의해 정립된 비(非)인간 개념, 기술과 인간의 해방이 얽힌 바이오하이퍼미디어와 바이오세미오시스.

2장 변화하는 시대. 티머시 모턴의 초객체와 초시간성, 롭 닉슨의 '느린 폭력', 새로운 정치주체와 관련하여 다니엘 팔프의 지정학, 인간의 상황적 탈시간성과 관련한 제바스티안 뢰들의 분석, 기술시간복합체, 선조적 과거에 대한 퀑탱 메이야수의 사상, 드론 전쟁과 정치변화에 대하여 그레구아르 샤마유, 알프레드 노스 화이트헤드의 파악 개념, 루치아나 파리시의 부분전체론적 변화와 이와 연관된 메레오토폴로지, 하이퍼스티션, 아프리카 미래주의를 비롯한 진보적인 미래주의.

진리. 재귀와 관련하여 테렌스 디콘의 언어와 뇌의 공진화 이론, 도나 해러웨이의 공동생산, 되먹임과 앞먹임과 틈새구축과 관련하여 게리 톰린슨, 찰스 샌더스 퍼스와 스티븐 샤비로의 귀추.

실재. 실재와 허구의 상호 관계에 대한 밀로 라우의 개입 개념, 지시적 리얼리즘.

정치. 다니엘 팔프의 전 지구적 거주이전의 자유, 난민정치, 기술-인류 자본세, 정치, 땅-물-공중 정치, 드론 전쟁의 준형이상학적 성격과 관련하여 그레구아르 샤마유의 정치이론.

3장 사변. 형이상학의 종말의 성격에 관한 퀑탱 메이야수의 생각, 유발 하라리의 데이터이즘, 조르조 아감벤의 환속화와 세속화의 구별, 헤겔의 사변/변증법적 사고, 이질적 사고.

그리고 이 책에서는 언급만 된 제노페미니즘도 저자가 새로운 사변적 사고로 제안한 '제노에시스Xenoesis'에서 '제노Xeno'를 이해하는 데 필수적일 것이다.

저자가 새로운 형이상학의 사변적 사고라 말한 'Xenoesis'를 이질적 사고로 옮겼다. 사변의 의미는 다르지 않다. 모든 사고는 직관적으로 접근 가능한 세계의 특정 측면만을 포착하는 추상에서 시작할 수밖에 없기에 필연적으로 부정으로 이어지고 사변은 부정을 부정한다. 사변은 '진리 과정'이지만, 저자는 새로운 것을 만들어내는 창작이라는 의미의 사변을 강조한다.

옮긴이로서 말해보면, 창작으로서의 사변은 우리가 우리의 감각에 편하게 들어오는 것에만 의존하지 않고, 감각에 낯선 것들, 감각으로 지각할 수 없는 것들을 사고의 대상으로 포착할 수 있어야 가능하다.

우리는 이 책에서 새로운 개념들을 정확한 맥락에서 비교적 짧게 만난다. 소제목이 바뀌면서 연관된 질문이 이어지며 논의가 넓어지고 깊어진다. 전반적으로 따라가기 어렵지 않지만, 어떤 부분에서는 새로운 개념들이 핵심적이고 함축적으로 인용되기에 머물게 되는 곳도 있다. 그러나 저자가 정확한 맥락에서 만나게 하므로 신선한 개념에 대하여 생각하게 되는 즐거움도 있을 것이다. 관련된 저자의 저서들과 개념들은 우리나라에도 많이 소개되어 있다. 특히 저자가 공동으로 엮은『#가속하라: 가속주의자 독본』은 2023년에 소개되었다.『미래의 형이상학』을 통해, 낯설고 이질적인 것들에 대한 불안감이 미래를 그려보는 상상력으로 전환되는 계기가 되기를 희망한다.

2024년 12월
한정라

감사의 말

이 책은 2018년 초 V-A-C 재단의 예술 감독인 프란체스코 마나코르다Francesco Manacorda의 즉흥적인 요청으로 시작되었다. 그해 여름 모스크바 현대미술관Moscow Museum of Modern Art: MMOMA에서 열리는 대규모 전시회의 큐레이터로 초대받았는데, 맡은 일은 미술관의 여러 전시실에 대하여 내가 선택한 주제로 대략 열 개의 짧은 글을 쓰는 것이었다. 주제 선택의 자유와 전시실의 틀을 잡을 수 있는 실험적 기회는 내 마음껏 글을 작성할 수 있게 해주었다. 이 실험적 기회 자체는 현재 건축 중에 있는 미래의 한 기관을 위한 예행연습이자 아직 작성되지 않은 이 책의 장들이 될 것이었다. 궁극적으로 열 개를 훨씬 넘는 전시벽과 전시회 책자의 항목으로 무르익었고, 이 모든 것들 역시 자연스럽게 이 책에 들어가게 되었다.

물론 나는 이 책에 모은 여러 생각과 주제들에 꽤 오랫동안 몰두해 왔으며, 특히 빅토리아 이바노바Victoria Ivanova와 안케 헤닉Anke Hennig 같은 가까운 동료와 협력 작업을 하면서 더욱 몰두할 수 있었다. 이바노바와는 제도적 리얼리즘institutional realism의 문제에 대해, 헤닉과는 내가 이 책을 쓰고 있는 때에 기술, 정치, 젠더의 문제들에 대해 같이 작업했다. 독일어 원본을 감수해 준 베른트 클뢰크너Bernd Klöckner와 요제프 월러스 굿휴Joseph Wallace Goodhew에게 다시 한 번 감사의 말씀을 드리고 싶다. 엘리스 헤스링가Elise Heslinga, 존 톰슨John Thompson, 옮긴이 제임스 와그너James C. Wagner, 특히 돌아온 이론 시리즈Theory Redux series의 일부로 이 책을 출판하도록 초대해 준 로렌트 드 셔터Laurent de Sutter를 포함하여 이 프로젝트에서 함께 일한 폴리티 프레스Polity Press의 모든 분들에게 감사드린다.

이 책은 미래에 대한 강한 기대감으로 쓰여졌다(그리고 맨 먼저 나의 '미래의 가족'에게 바쳐졌다). 그 미래는 그 후 기쁜 선물로 왔다. 이 책을 나의 아들 아드리안Adrian에게 바친다.

1장
서론: 형이상학

인류의 기원은 이제 증명되었다. - 형이상학은 번성해야 한다. -
개코원숭이를 이해하는 자가 로크보다 형이상학에 더 큰 공헌을 할 것이다.

_찰스 다윈(Charles Darwin)

나쁜 시기, 그러나 형이상학에는 좋은 시기

우리 사회는 압도적인 도전들과 의미의 위기로 모든 차원에서 고통 받고 있다. 우리가 형이상학적으로 생각하기를 잊어버린 것들이기도 하다. 기술의 도약이나 물리학의 진보 그리고 한때 지구상의 문제를 완화하고 심지어 우리를 그로부터 완전히 해방하려고 출격한 다른 자연과학의 진보도 더 이상 우리에게 꼭 도움이 되지도 않는다. 오히려 우리는 (기후변화와 같이) 근대의 기술혁명이 초래한 부수적인 폐해에 점점 더 직면하며, 이는 인류를 포함한 우리 행성의 생활양식들을 위협하기에 그 어느 때보다도 경험적으로는 접근할 수 없는 질문들을 제기한다.

근대과학의 승리가 삶의 질을 전반적으로 개선하고 장수로 이어진 명백한 경우조차, 기대 수명의 증가와 영생이라는 초超인간주의적transhumanistic 환상은 우리 종이 사라질 가능성에 대한 질문들에 맞먹는 새로운 형이상학적 질문들을 불러일으킨다. 극적으로 말하자면, 영생이 임박했건 아니면 '인류세Anthropocene'라 불리는 시대에서 인류 전체가 멸종될 위험에 처해 있건, 즉 초trans인간 '호모' 사피엔스가 지배하는 세계이건, 인간이 없는 세계이건 우리는 전례 없는 수준으로 형이상학적 문제들에 직면하게 된다.

은퇴하는 *노동하는 동물*

인간들은 타고난 철학자이다. 마르틴 하이데거Martin Heidegger 는 한때 그의 정부 엘리자베트 블로흐만Elisabeth Blochmann에게, 인간이 된다는 것은 철학하는 것이며 철학의 전통은 인간이 **형 이상학적 동물**animal metaphysicum이며 **이성적 동물**animal rationale이라 는 정의들로 가득하다고 썼다. 이 형이상학적이며 이성적인 동물이 또한 일하는 동물, 즉 **노동하는 동물**animal laborans이다. 그 리고 실제로 철학자들과 (부르주아적 또는 혁명적인) 사회학자와 경제학자들도 인간은 자신의 노동을 통해 **호모 파베르**Homo faber, 즉 도구적 인간으로 정의될 수 있다는 데 전통적으로 동의해 왔다.

16세기 근대 자본주의의 태동과 18세기 산업화와 더불어, (처음에는 주로 남성이었던) 대부분의 노동자 계층과 중산층의 삶 은 그들의 직업과 고용에 의해 규정되기에 이르렀고, 그 자신 들에 대한 개념도 그렇게 형성되었다. 하지만 오늘날, 직업이 인간의 삶에 **내적 안정감** internal stability을 준다는 (헬무트 셸스키 Helmut Schelsky의) 생각은 기껏해야 부분적으로만 참이다. 오히려 직업은 이제 중산층 불안정의 주요 근원인데, 특히 일work과 일 -아님non-work의 경계가 흐려졌기 때문이다. 사회학자이며 위 험risk에 대한 논의로 유명한 울리히 벡Ulrich Beck에 따르면, 20

세기 후반 이후에야 귀에 익었고 자유주의적 자본주의 사회의 정상조건으로 흔히 가정되는, 표준화된 완전 고용 시스템은 "노동법, 근무지, 근로시간이라는 그것의 세 기둥을 유연화하면서 가장자리에서 약화되고 흐트러지기 시작하고 있다."[1] 이와 같이 **노동하는 동물**은 완전히 새로운 방식으로 문제화되고 있다. 이는 (육체노동과 정신노동이라는 그 자체로 형이상학적인 구별이 여전히 적절하다고 가정한 경우) 육체노동에 대해 말하건 정신노동에 대해 말하건 상관없다.

하늘과 땅에

세상과 접촉하지 않는 철학자를 폄하하거나 유감스러워 하는 발언은 철학 자체만큼이나 오래되어 적어도 기원전 6세기까지 거슬러 올라간다. 하늘을 응시하며 걷다가 우물에 빠진 밀레토스 출신의 탈레스Thales를 트라키아 출신의 한 처녀가 조롱했다는 유명한 일화가 그것이다. 이 일화에는 형이상학은 현실과 정반대에 있기에 사고방식이 전혀 쓸모없거나 구식이라는 진부한 편견이 있다. 형이상학적 사고에 대한 석연치 않은 평판은 '사변speculation'이라는 단어가 시간이 지남에 따라 갖게 된 부정적 함축에서도 볼 수 있다. 특히 2세기 전 근대의 출현 이후 그 단어는 순전히 경멸적인 용어로, 즉 현실과 동떨어

진 근거 없는 추론이라는 의미에서 '단순한 추측mere speculation'
으로 종종 사용되었다.

근대철학의 역사에 관한 저서들은, 철학이 문제를 직접 파
악할 능력이 있다는 순진한 믿음에서 뒤돌아 확립된 모든 지식
에 선행하는 인식론으로 향하는 방향 전환을 보고한다. 그렇
지만 철학의 형이상학적이며 사변적인 에너지는 진정 조금도
약해지지 않았다. 특히 그 이유는 형이상학적 질문들은 언제
나 역사적으로 함축된 의미를 지니며, 따라서 당대에 지배적
인 과학과 기술에 대해 고심할 때마다 끊임없이 재출현하기 때
문이다. 철학의 사변적인 에너지는 기술 혁명이 있을 때마다
늘 용솟음치는 것 같다. 그렇다면 아낙시메네스Anaximenes, 아낙
시만드로스Anaximander, 탈레스가 정교하게 발전시킨 최초의 이
오니아와 그리스의 우주론과 자연철학은 문자의 습득, **호모 사
피엔스**의 정착, 그리고 이에 따른 농업으로의 전환에 대한 반응
이기도 할 것이다.

덜 알려진 일화에 따르면, 탈레스는 자신의 천문학 지식으
로 올리브 수확량을 예측할 수 있었기에 그 지식의 직접적인
결과로 부를 얻었다고 한다. 근대철학의 부상이 인쇄기의 발
명과 분리될 수 없듯이, 오늘날 새로운 사변적 접근법들의 출
현도 디지털화에 대응해야 할 필요와 분리될 수 없다. 단지 수

십 년 전에 시작된 디지털화는 지금 우리 사회를 근본적으로 변형시키며 점점 더 그 모습이 분명해지고 있다.

아무도 소속되기 원치 않는 클럽의 의무회원

근대 형이상학의 역사에서 특히 지난 몇 세기를 살펴본다면, 철학자들이 자신이 전임자의 연구에서 해결되지 않은 형이상학적 질문이라고 생각하는 것에 고투하는 경향을 발견한다. "모든 것에 일격을 가한 자" 이마누엘 칸트Immanuel Kant는 회의론자 데이비드 흄David Hume에 대해, 비관론자인 아르투어 쇼펜하우어Arthur Schopenhauer는 칸트에 대해, 자칭 "모든 가치의 전복자"인 프리드리히 니체Friedrich Nietzsche는 쇼펜하우어에 대해, 소크라테스 이전의 철학자들에 기댄 마르틴 하이데거는 형이상학의 역사를 뒤집으려는 니체의 광란의 노력에 대해, 자크 데리다Jacques Derrida는 하이데거와 형이상학은 절대로 쇠망할 수 없다는 통찰에 대해 분투했다.

동시에 다양한 시대에 형이상학이라고 이해했던 것의 의미 변화에 실마리를 주는 역사적 전환들도 목격할 수 있다. 근대 초기 16세기에 철학의 르네상스와 더불어 프랑수아 라블레François Rabelais, 몽테뉴Michel Montaigne, 에라스무스Erasmus 같은 인문주의자들이 대학의 철학자들을 점점 더 날카롭게 비판하는 것이 보인다. 그들은 대학의 철학자들이 삶과 무관하고 동떨어져 있으며 심지어 삶에 적대적이라고 생각했다(그 시대 이후로 '학문적인academic', '학술적인scholastic', '형이상학' 같은 단어들은 종종 부정적인 호소력을 갖게 되었다).

이와 병행하여 형이상학에 전념한 철학자들의 지향도 내용 면에서 변했다. 실제로 (데카르트Descartes, 스피노자Spinoza, 라이프니츠Leibniz 같은) 17세기와 18세기의 합리주의자들은 중세의 신학자들보다 훨씬 더 광범위한 주제를 다루었다. 형이상학자들은 이제 영원한 존재, 최고의 실체, 즉 신뿐만 아니라 관련된 여러 질문에 몰두했다. 인간과 신의 관계, 필멸 또는 불멸인 영혼의 본질, 몸과 마음의 문제, 감각적 존재의 자유의지 가능성 또는 불가능성의 문제 등이다. 직설적으로 말하자면, 논리학, 인식론, 윤리학 같은 철학의 다른 분야에 쉽게 배정될 수 없던 모든 질문은 이제부터 형이상학적인 것으로 간주되었다. 같은 시기에 '존재론ontology'이 탄생한 것은 우연이 아니다. 이 분야는 수 세기 전부터 형이상학의 진정한 대상으로 여겨져 온, 존재, 실존 또는 실체에 대한 질문들을 다룬다.

우리가 무슨 말을 하는지 확신이 없을 때 말하는 것

근대 형이상학의 자기비판적인 재정향과 재발명은 이전에

형이상학이 다루던 것들에서의 **본질적인** 변화와도 관련된다. 즉, 불변하고 영원하며 실체적인 신성한 본질, 진정한 존재, 또는 존재하는 모든 것의 진정한 본성에서, 그야말로, 본질적인 변화가 있었다. 물리학을 비롯해 점점 더 '경험적'이 되어가는 또 다른 자연과학들이 **피시스**physis/자연를 자신들의 범주화 방식에 따라 분류하고 이 '경험적' 본성에 전념함에 따라, 메타-피직스meta-physics, 즉 형이상학이라 불리는 철학적 사유의 분야도 당연히 스스로를 재정향해야만 했다. 데카르트가 막을 올린 철학의 합리주의적 재편조차도 그것의 높은 추상성 때문에 홉스Thomas Hobbes, 흄, 버클리George Berkeley 같은 경험주의 사상가들의 새로워진 비판을 면할 수 없었다. 이러한 비판들은 18세기에, 형이상학의 불가능성을 제기하거나 심지어 형이상학은 존재할 권리나 이유가 있다는 것도 부정하는 회의적 입장들과 합류했다. (온건한 회의론자들에 따르면) 형이상학의 질문들은 대답할 수 없는 것이고 (더 급진적인 비판가들에 따르면) 의미 없는 것이었다. 어느 경우든, 형이상학적인 모험이나 형이상학의 모험에 빠지는 것은 소용없는 일이었다.

형이상학을 정의하는 데 근본적인 어려움은 형이상학의 대상에 관한 지배적인 합의가 없다는 사실에 있다. 생물학은 생명을, 경제학은 경제 분야를 탐구하는 방식으로 형이상학은 어떤 대상을 가지고 있는가? 형이상학의 대상은 모든 것 중에서 가장 높은 것이라고 한 아리스토텔레스Aristotle의 정의는 (중세 철학을 훨씬 넘어) 오랫동안 영향을 미쳤다. 그는 윤리학이나 논리학 같은 철학의 다른 분야와 달리 형이상학은 신, (그 자체는 움직이지 않는) 원동자, 또는 덜 신학적인 용어로 (불변의) 존재 그 자체, 모든 것의 기저에 놓여 있는 실체, 또는 동일성 법칙(A = A)과 같이 순수하게 논리적인 원리들과 관련된다고 주장했다.

그러나 이와 정반대로 알렉산데르 고틀리프 바움가르텐Alexander Gottlieb Baumgarten이 18세기 중반에 주장한 것처럼 형이상학이 인간 지식의 제1원리들을 담고 있는 과학metaphysica est scientia prima cognitionis humanae principia continens이라면, 형이상학은 우리가 알 수 있는 것들 너머 어떤 무시간적인 대상을 여전히 갖고 있을까? 아니면 지금 단지 인간의 지식 자체에만 자아도취적으로 몰두하고 있는가? 새뮤얼 베케트Samuel Beckett의 짧은 영화인 〈필름Film〉 마지막에 등장하는 버스터 키튼Buster Keaton처럼 마침내 모든 추격자와 외부의 관심에서 자유로워진 철학은, 생애 후반에 자신을 직시하면서 오직 자기 자신만을 본다면 볼 것이 거의 없다는 사실을 발견하며 놀란다. 지혜에 대한 사랑Philo-Sophy, 철학은 앎이라는 자신의 순전한 일에 몰두하거나 앎에 대한 사랑 때문에 그것이 알아야만 하는 것을 볼 시력을 잃을 위험에 끊임없이 직면한다.

대상이 없는 학문?

"형이상학이란 우리가 존재자들을 전체로서 묻는 질문으로, 그럼으로써 질문자인 우리 자신도 질문에 포함되고 질문 속에 놓이게 되는 방식으로 질문하는 것이다. 따라서 근본개념들은 보편자가 아니며, (동물이나 언어와 같은) 대상들이 속한 분야의 보편적 속성에 대한 어떤 공식도 아니다. 오히려 그것들은 매우 독특한 종류의 개념들이다. 각각의 경우마다 근본개념들은 자신들 안에 전체를 포괄한다. 그것들은 **포괄적인 개념들**이다. [⋯] 형이상학적 사고는 이런 이중적 의미에서 포괄적인 사고이다. 그것은 전체를 다루며 실존을 철저하게 붙들고 있다."[2] 이러한 선언으로 마르틴 하이데거는 철학적 질문의 급진성, 즉 사물들의 근거에 도달할 수 있는 그것의 능력을 다시 한번 밝히고자 하였다. 다른 곳에서, 그는 다음과 같이 말한다. "철학의 대상이 가까이에 없다는 것이 아니라 철학에는 대상이 아예 없다는 것이다. 철학은 늘 존재Being를 자기에 대해서for itself 새롭게 밝혀야 하는 일이 일어나는 사건이다. 철학적 진리는 오직 이러한 사건 속에서만 가능하다."[3] 그렇다면 이제 문제는 철학의 대상 결여가 이미 모호해진 그 명성에 최종 타격을 주는지 아니면 반대로 유리한 점을 제공하는지 여부이다. 신은 죽었다고 니체가 선언한 이후 그리고 영원한 실체라는 개념이 자명하다고 더 이상 전제될 수 없는 근대에서, 형이상학이 자신에게 존재할 이유와 권리가 있다는 것을 항상 먼저 증명해야 한다는 사실은 기회로도 볼 수 있기 때문이다. 아마도 형이상학의 잠재력은 바로 그것의 독특한 무대상성objectlessness에 있을 것이다. '대상 너머'는 '모든 객관성 너머'나 '순수하게 주관적인' 것과 결코 같은 의미가 아니다.

보이지 않는 시작과 끝

형이상학의 창안자로 추정되는 아리스토텔레스가 살던 기원전 4세기로 거슬러 올라가면, 아리스토텔레스 자신은 '형이상학'이란 단어를 실제로 쓰지 않았다는 것이 명백해진다. 실제로 그의 어떤 저서에서도 그 단어는 보이지 않는다(그는 그 대신 '제1철학' 또는 '제1학문'이라고 쓴다). 그의 저작 『형이상학 Metaphysics』이 물리적인 것의 영역 뒤에behind 또는 그 위에above 있는 무언가와 관련이 있다는 가정은 널리 퍼져 있으나 이는 잘못된 것이다. 전체 전통의 기초를 세운 그 저작의 제목은 오히려 편집상의 이유로 붙여진 것이다.

아리스토텔레스가 죽은 지 약 100년 후에, 로도스 출신의 안드로니코스Andronicus of Rhodes라는 자는 아리스토텔레스의 『자연학Physics』에 뒤따르는 14권의 책이나 책의 장들을 어떤 제목으로 묶어야 하는지에 대한 문제에 직면했다. 순서를 중시하는 편집자는 타 메타 타 피지카Ta meta ta physika , 대략 번역하면 '자연학 뒤의 [글들]'로 결정했다(여기서 '메타'는 공간적인 배열, 즉 '뒤'를 의미한다). 그렇게 실용적인 제목을 선택하면서 그 문헌학자는 어린 학생들이 이러한 텍스트들을 너무 일찍 읽지 않기를, 즉 아리스토텔레스의 스승인 플라톤Plato에서 시작하여 학문적 맥락에서 처음 제도화된 철학적 사유를 너무 일찍 접하지 않기를 원했을 수도 있다. 그러나 자연학에 관한 아리스토텔레스의 저서들에 있는 주제와 성찰들 역시 철저하게 '형이상학적'이라는 사실은 이 가설에 반대된다.

간단히 말해, 형이상학이라는 분야에 발을 들여놓을 때마다 우리는 비슷한 문제에 직면한다는 것을 깨닫는다. 우리는 어디에서도 시작을 찾을 수 없다. 그렇다면 적절한 시작이 없는 무언가가 끝도 없다는 게 이상한 일인가?

메타 이후의 자연physis after meta

'형이상학'이라는 이름은, 우리가 그것을 공간적으로 이해하든 논리적으로 이해하든 상관없이, 항상 **피시스**physis 또는, 가볍게 번역하자면, 자연nature과의 관계를 내포한다(그리스어 **피시스**의 라틴어 번역은 **나투라**natura로서 '태어난 것what is born'이라는 의미의 **나투스**natus와 관련된다). 그리고 실제로 형이상학의 역사는 자연에 대한 서로 다른 개념들에 기대어 말해질 수 있다.

형이상학에 대한 우리의 이해는 어떤 특정 시기에 '자연' 또는 '자연적'이라고 간주되던 것에 대한 논쟁들과 함께 항상 변해왔다. 직설적으로 말하자면, 문제가 되는 분야 자체에 대한 관점에 따라 변해왔다. 과거에 형이상학의 정당성은 언제나 동시대인들이 자연에 대한 정당한 학문이라고 이해한 것, 또는 근대의 어느 시점에서 '자연과학'이라고 불리게 된 것과 관련하여 논쟁이 되곤 하였다. **피시스** 또는 **나투라**에 대한 우리의 첫 번째 관여가 형이상학적이었다는 사실이 형이상학적인 자연철학을 수행하는 정당화 역할을 그만둔 지 오래되었다. 고맙다. 그러나 고마움은 학문적 범주가 아니다.

철학 또는 과학

철학의 역사는 과학의 진보에 에둘러 반응하는 수세기에 걸친 묘책의 역사로 묘사될 수 있다. 구체적인 자연을 관찰하고 그것 너머를 형이상학적으로meta-physically 숙고하는 자연-철학적 통일로서 그리스인들로부터 시작된 것은, 오직 제한된 방식으로만 그 자신의 성공에 참여할 수 있을 것 같아 보인다. 자연에 대한 형이상학적인 관여의 성취는 물리학이라는 독립적인 과학을 낳았고, 좀 더 최근 18세기 후반에 생명에 대한 문제제기는 생물학이라는 새로운 분야를 낳았다.

그런데 이는 사변적 질문이 지닌 증명력에 대한 더 높은 신뢰로 이어지지 않고 도리어 철학이 한동안 면밀히 살펴보던 영역에서 또 다시 쫓겨나는 것으로 이어졌다. 특히 수학적 합리성이 주도권을 잡고 있기 때문에, 자신을 세계에 대한 과학적 설명으로 제시하지 않는 모든 형태의 사고는 순진하게 예비적이거나, 방법론적으로 결함이 있다고 한결같이 묵살된다.

그런데 궁극적 설명이 곧 핵심이라는 것인가? 우리는 진보를 어떤 종류의 과학적 개념으로, 아니 어떤 종류의 과학-생성 개념으로 이야기하고 있는가? 설명에서의 진전, 새로운 문제에서의 진전 또는 발견된 주제에서의 진전인가? 답변과 해결책에서의 진전, 아니면 애초에 올바른 질문을 하기 위한 기술과 방법에서의 진전인가? 일찍이 법사학자인 오이겐 로젠스톡휘시Eugen Rosenstock-Huessy가 말했듯이, 과학적 해답은 이미 해결하려는 문제에 앞서 존재하며, 우리는 단지 그것들을 적용할 만큼 아직 충분히 진보하지 않은 것일 수도 있다.

과학과 철학

서양 철학은 이오니아의 자연철학들과 (남부 이탈리아) 엘레아 출신 파르메니데스의 수학적인 것에 기반한 이론들이 결합하여 처음 꽃을 피웠다는 것이 가장 일반적인 설명이다. 아테네에서 소크라테스와 특히 플라톤은 과학에 (그리고 각별히 수학에) 오랫동안 관여하기 시작했으며 그 후 철학은 결코 이를 놓지 않았다. 철학과 과학은 늘 긴밀하게 소통하고 서로 문제를 제기해 왔다.

철학이 수학적으로 지향되어야 할 필요를 칼 포퍼Karl Popper와 알랭 바디우Alain Badiou처럼 다른 많은 철학자들이 소환한 데에는 이유가 있다. 상대성이론이든 양자물리학이든 유전공학이든, 과학혁명들을 다시back 철학적으로 곰곰이 생각하는 것만으로는 충분하지 않다. 오히려 포퍼의 숙고는 모든 과학 패러다임이나 기술 패러다임 너머에는 형이상학적인 연구 프로그램이 있다는 것, 즉 "이의를 제기하려는 어떤 시도도 없이 참이라고 가정되는 일련의 검증-불가능한 명제들"4이 있다는 것을 시사한다. 또는 캐서린 말라부Catherine Malabou의 말을 빌리자면 "그것이 연합, 협력, 위계화, 명료화 또는 단절의 형태로든 뭐든 철학은 과학을 마주보고 있는vis-à-vis 자신의 상황을 결정하지 않고는 스스로를 유지할 수 없으며, 이는 흉내 내기와는 전

혀 다르다. 이것은 상호적이다. 왜냐하면 '경성hard'과학이든
'인간적human' 과학이든 과학은, 그것이 전적으로 객관적이지도
경험적이지도 실증적이지도 않은 한, 철학적으로 탐구해야 할
개념을 지닌 원리로부터 진행하지 않을 수 없기 때문이다".5

종합이 없는 정립과 반정립: 자연과학의 사변적 실천

자연과학이 (자연)철학을 대체하지도 않았고, 공유하는 인식
론적 공간에서 이 둘이 평화롭게 공존할 수도 없다면? 특히 근
대과학 자체가, 철학이 자신의 형이상학적 차원을 제거하려고
그토록 노력했던 지난 2세기에 걸쳐 비로소 분명해진, 그 사변
적 차원을 가지고 있다면? 충분히 역설적이게도 자연과학의
사변적 차원은, 철학이 스스로를 '비사변화'하려는 광적인 시
도와 평행하며 진화했을지도 모른다. 속도에 대한 비관주의
철학자이자 질주학적dromological 허무주의자인 폴 비릴리오Paul
Virilio는 과학과 기술이 실제로 발전한다는 것은 알 수 없고 합
리와 무관하다는 그의 주장으로 이에 대해 가장 급진적인 생각
을 표현했을지도 모른다.

그러나 이는 마치 형이상학적인 철학에 항상 자유로운 재량
권을 주기라도 하듯, 자연과학 자체가 은밀하게 비합리적이라
는 의심 아래 있다는 의미는 결코 아니다. 오히려 요점은 모든

새로운 과학과 함께 등장하는 이전에는 몰랐던 열린 질문들의 소용돌이에 주의를 환기시키는 것이며, 사변적 이론화와 사변적 실천 또한 정확히 자연과학의 특성이라는 점에 주목하는 것이다. 어떤 암묵적인 판단 없이 자연과학은 사변적 영역들에서 움직이고 있다. (특히 알고리즘 시대에 명심해야 하는데), 수학 역시 결코 경험적이지 않다. 오히려 수학은 고도로 사변적이며, 이는 단지 미분과 허수가 발명된 이후만을 말하는 것은 아니다.

더욱이 과학적 실천과 관련해서도 과학지식 생산의 사변적 차원을 부정할 수 없다. 특정 가설들을 테스트하려면 복잡한 장치들을 사용해야 하는 경우가 허다하다. (이는 종종 완전히 다른 결과로 이어지며 이런 의미에서 의도하지 않은 통찰력과 발견으로 이어진다.) 원자 물리학이 구현된 이후에도 그것의 통찰력은 전적으로 물리학 너머 형이상학적인 것으로 남아 있다. 우리는 장치와 기계들이 행한 계산과 결과를 우리 자신의 경험 세계로 번역한다. 이것들과 달리 어떤 인간도 개별 원자나 분자에 대한 실증적인 경험을 해본 적이 없다. 우주론과 고생물학만큼 상이한 여러 과학의 대상들도 마찬가지이다. 기록들은 밝혀지며, 전자나 화학원소 같은 (가정된) 존재는 간접적으로만 또는 사변적으로만 인정된다. 예를 들어, 특정 장치에서 특정 상태나 조건의 반복적 발생을 통해서, 그리고 이에 상응하는 과학자들의 사회적 관행들과 연계하여 인정된다. 그리고 환상적인 화학원소 주기율표는 과학이 자신의 사변적 차원을 다시 한번 감추는 체계화 개념으로서, 존재하는 가장 위대한 그리고 아직 완전히 채워진 것이 아니고 추가 통지가 있을 때까지는 미완성인, 사변적 설계나 구조들 중 하나가 아닌가? 어쨌든 하이데거도 생각했듯이 과학이 사고하지 않는다는 것은 사실이 아니다. 오히려, 과학은 이 사실을 자신과 세상으로부터 숨기고 싶을 정도로 무척 사변적인 방식으로 사고한다.

형이상학적인, 과학의 유령들

과학철학자 브뤼노 라투르Bruno Latour는 그의 여러 저서에서 개별과학 안에 있는 수많은 불순물과 갈등을 지적한다. (사실 엄밀히 말하면 개별과학도 항상 잡종hybid이다.) (생명체가 온도 변화의 결과로 나타나거나 사라질 수 있다는 파스퇴르의 가설이 처음에는 터무니없는 소리로 들렸던) 미생물학의 발전을 둘러싼 오랜 논쟁, 과학 작위를 수여 받기 전에는 매우 형이상학적이었던 '유전자' 이론, 오늘날 인류세에 대한 지질학적 논쟁에 준-지구생리학적quasi-geophysiological 행위자를 끌어들임 등, 이 모두는 새로운 행위자들 뒤에서 단지 과거의 유령들이 일하는 것만 볼 수 있는 기존 지식의 이해할 만한 저항 사례들이다.

사실상 겉보기에도 미생물, 유전자, 활성 대기는 자연에 대한 방법론적으로 엄격한 사색이라는 잊힌 형이상학적 기원을 유령처럼 일깨워준다. 그러나 과학의 진보가 오직 과학의 사변적 맥락을 붙들고 고심해야만 가능하다면? 라투르가 설명하듯이 아마도 "과학은 이미 존재하는 '과학적 세계관'의 단순한 **확장**을 통해서가 아니라 세계를 채우고 있는 대상들objects의 목록 **수정**을 통해, 즉 철학자들이 보통 그리고 올바르게 **형이상학**이라고 부르고 인류학자들이 **우주론**이라고 부르는 것의 **수정**을 통해 진행된다". 따라서 "'형이상학'이라는 단어는 활동적인 과학자들에게 그렇게 충격적이지 않아야 한다. [...] 형이상학은 항상 재정비되어야 하는 물리학의 비축물이다".6

자연이 더 이상 자신의 법칙들에 주의하지 않을 때

"내일 해가 뜰 것이다. 이는 가설로서 해가 뜰지 아닐지를 우리가 알지 못한다는 것을 의미한다."7 루트비히 비트겐슈타인Ludwig Wittgenstein의 『논리철학 논고Tractatus Logico-Philosophicus』 끝부분에 있는 이 문장은 여러 측면에서 주목할 만하다. 하나의 진술이 얼마나 야생적인지에 대한 감을 얻으려면, 그것을 회의주의적 철학이나 세계관들의 오랜 전통에서 떼어 놓아야만 한다. 그 문장은 우리는 미래를 내다볼 수 없으며 그래서 비록 천문학자들이 수십억 년 동안은 이런 일이 일어나리라고 예상하지 않더라도, 태양이 실제로 오늘 밤에 폭발하지 않을 것인지 여부를 말할 수 없다고만 말하고 있다.

이미 20세기 분석철학의 선구자인 윌프리드 셀라스Wilfrid Sellars는 태양이 떠오른다는 것은 **과학적 이미지**scientific image가 아니라 전적으로 다른 사태에 대한 우리의 **현시적 이미지**manifest image일 뿐*임을 자각하고 있었다. 이 문장의 대안적 읽기, 즉 행간 읽기 그리고 물론 진부함에서 약간 비틀어 읽기는 다음과 같을 것이다: 만약 내일 **실제로** 태양이 떠오른다면? 우리가 알다시피, 전에는 한 번도 일어난 적이 없던 일이 일어난다면?

비트겐슈타인이 1918년 이탈리아의 군사 감옥에서 이 메시지를 기록한 지 약 100년 후 우리는 그가 병에 담긴 이 메시지로 무엇을 말하고 싶었는지를 서서히 이해하고 있다.『논리철학 논고』의 진술 6.36311은 내일 태양이 떠오르거나 떠오르지 않을 가능성이 모두 있는 세상을 예고한다. 볼프람 아일렌베르거Wolfram Eilenberger[8]가 철학의 황금 10년에 관한 그의 최근 저서에서 논쟁한 것처럼, 거의 광신적으로 반형이상학적인 논

————————

* **옮긴이**_ 태양은 떠오르지 않는다. 지구가 자전하는 것이다.

리실증주의의 창시자가 과학적으로 계몽된 근대성의 믿음 조항들에 대해 이처럼 근본적인 비판을 수행했다는 것은 징후적이다. 그러나 그의 학문적 제자들은 이를 시종일관 무시했다.

그런데 근대의 오류는 그것이 '논리적 필연성'과 '법칙적 필연성'을 구별하지 못한 것 이상일 수 있다. (자연과학 자체가 그렇다는 게 아니라) 많은 자연과학자와 현재 세계적인 철학 기관을 지배하고 있는 그 옹호자들의 망상은, 모든 것을 인과적 용어로 설명하려는 그들의 욕구에만 있는 것이 아니라 아마도 자연법칙들이 영원히 불변한다고 믿는 그들의 신앙에도 있을 것이다.

새로운 시대는 새로운 자연법칙들을 요구한다

만약 우리가 1516년 토마스 모어Thomas More의 『유토피아: 최선의 국가 형태와 새로운 섬 유토피아에 관하여Utopia: On the Best State of a Republic and the New Island Utopia』로 시작된 유토피아 소설의 역사를 되돌아보면, 그 소설들이 전적으로 새로운 영토와 소위 신세계의 발견에 영향을 받아 처음에는 낯선 곳을 향한 긴 여정을 묘사했다는 게 보인다. 이러한 공간적 유토피아가 다른 시대에 존재한 시간적 유토피아와 결합한 것은 훨씬 나중이었다.

대부분이 디스토피아적인 사이언스픽션 영화들에 대한 예리한 관찰자들은 최근 몇 년에 더 나아간 변화를 알아차렸다. 스탠리 큐브릭Stanley Kubrick에서 안드레이 타르코프스키Andrei Tarkovsky, 리들리 스콧Ridley Scott에 이르는 이 장르의 거장들은 상대성 이론의 모든 불가해성에도 불구하고 자신의 물리적 외형을 유지하고 있는, 자연법칙들이 지배하는 우주에서 고군분투한다. 그런데 디트마르 다트Dietmar Dath가 언급했듯이 셰인 카루스Shane Carruth의 〈업스트림 컬러Upstream Color〉(2013)와 드니 빌뇌브Dennis Villeneuve의 〈컨택트Arrival〉(2016) 같은 더 최근의 영화에서는, 아인슈타인에게서 영감을 받은 오래된 사변적 픽션이 좀 더 다원적인 것에 자리를 내주었다: "카루스의 경우에서 보듯 우리가 공간을 인식하는 방식이나 빌뇌브의 경우에서 보듯 시간을 인식하는 방식을 포함한 모든 것은 진화의 결정이나 자연사의 결정에 달려 있다. 심지어 물리법칙조차 서로 경쟁하는 유전자들처럼 끊임없는 투쟁에 갇혀 있다. 우주에는 돌연변이, 변이, 선택 외에 아무것도 없다."9

물리적 확실성은 이미 100년 전 양자물리학에서 불확정성 원리의 발견과 함께 점점 (비)개연적이 되어가고 있다. 루퍼트 셸드레이크Rupert Sheldrake가 말하듯이, "20세기에는 양자 과정뿐만 아니라 액체의 난류亂流, 바닷가 파도의 부서짐, 날씨를 비롯한 모든 자연현상이 확률론적이라는 것이 분명해졌다: 그것들은 정확한 예측을 벗어나는 즉흥성과 비결정론을 보여준다".10 사변적 철학자이자 수학자인 알프레드 노스 화이트헤드Alfred North Whitehead는 훨씬 더 급진적인 결론에 도달했다. "사람들이 '자연법칙'에 대해 잘못 말하고 있다. 자연법칙은 없다. 일시적인 자연의 습관만이 있을 뿐이다."11 그렇다면 한 시대가 자신의 자연법칙들에서 멀어지거나 그것들을 완전히 상실할 때 이것이 그 시대에 의미하는 바는 무엇인가?

새로운 시대의 기원

형이상학적으로 혹은 과학적으로 확립된 개념들의 의미가 세대에 걸쳐 미미하게 변하는 것이 아니라 불과 몇 년 사이에 개인들의 삶에서 현저한 방식으로 변할 때, 이것이 그 사회에 의미하는 바는 무엇인가?

우리는 사물들도 변하고 시간 자체도 변하고 있는 그런 시대에 살고 있다. 발터 베냐민Walter Benjamin의 기원origin 개념은 이 맥락에서 도움이 된다. "기원이 전적으로 역사적 범주이긴 하지만 그럼에도 불구하고 창조genesis와는 아무런 관련이 없다. 기원이라는 용어는 실재하는 것이 존재로 된 과정을 묘사하려는 것이 아니라, 생성과 소멸 과정에서 출현하는 것을 묘사하려는 것이다. 기원은 생성의 물결 속에 있는 소용돌이로서, 이 흐름 안으로 창조의 과정과 관련된 물질을 삼켜버린다."[12] 우리는 그저 이런저런 새로운 사건을 경험하고 있는 것이 아니라, 새로운 시대의 도래를 경험하고 있다. 우리에게 부족한 것, 그리고 진정 이 새로운 시대를 이해하는 데 도움을 줄 수 있는 것은 새로운 개념들과 또한 우리가 이미 가지고 있는 원래 형이상학적인 개념들과 철학의 주요한 범주들에 대한 수정이다. 미래의 형이상학.

실체/우유성

뜻 모를 미소

실체와 우유성은 고대부터 형이상학의 중심 개념이었을 뿐만 아니라, 다른 철학적 구분들과 마찬가지로, 전혀 눈에 띄지 않게 우리의 일상적 사고에 자리 잡았다. 우리는 끊임없이 이것이나 저것을 실체적인 것, 즉 중심적이고 중요한 것으로 생각하고 다른 것은 부수적이고 무시할 수 있는 것으로 생각한다.

전통적으로 실체substance란 모든 것의 아래에 놓여 있는 것으로서, 아래에 서 있다는 라틴어 서브스테어substare에서 유래하였다. 우유성accident은 어떤 것의 본질을 변화시키지 않고 배제될 수 있는 것으로서, 라틴어로는 엑시덴츠accidents이다. 예를 들어, 집의 본질은 바깥 세계의 영향에서 어느 정도 보호되는 공간을 구성하는 벽들과 지붕을 포함한다. 반면 집 정면의 색상과 창문의 개수는 사소한 세부사항이며, 엄밀히 말해 창문은 실제로 있든 없든 상관없다. 인간은 머리가 있어야 하고, 얼굴은 눈, 코, 입으로 이루어져야 한다. 입이 웃고 있든 말든 상관없다. 그렇지만 누구든 이런 주장을 하는 사람은 아마도 다른 사람의 미소에 빠진 적이 없었을 것이며, 순수하게 사색하는 중에 사람의 미소는 결코 하찮지 않으며 상상으로 내칠 수 없는 어떤 것이라는 걸 잊었을 것이다.

더군다나 루이스 캐럴Lewis Carroll의 『이상한 나라의 앨리스 Alice's Adventures in Wonderland』에는 체셔 고양이Cheshire Cat가 나오는데, 우리는 그 고양이가 스스로 사라지고 난 후에도 여전히 웃고 있는 그 고양이의 입을 본다. 이는 우리로 하여금 한 사물에 무엇이 본질적이고 무엇이 우유적인지를 질문하게 만든다. 철학사를 통해 확립된 용어로 묻는다면 우리가 체셔 고양이의 웃는 입을 우리를 매혹하는 상대방의 '외양'으로 더 이상 간주하지 않을 때, 하이포-케이메논hypo-keimenon(그리스어: '아래 놓여 있는 것') 또는 서브-스텐티아sub-stantia(라틴어: '밑에 그대로 서 있는 것')는 무엇인가? 때로는 미소나 표정 하나가 철학적 구조물 전체를 유리집glass house으로 바꾸기에 충분하다는 것을 알게 되어 다행이다.

이것이 저것을 더 이상 뒤따르지 않을 때

우리는 이것이 저것을 뒤따르며, 자연법칙이 지시하는 대로 일의 과정이 진행되고 사건들이 일어난다는 생각에 익숙하다. 그리고 물론 일상생활에서는 무엇이 무엇으로 거슬러 올라갈 수 있는지를 안다. 내 바지에 묻은 얼룩은 내 모닝커피에서 생겼다고도, 사실은 뷔페식당에서 어떤 남자가 부딪혀서 생겼다고도, 더 정확하게 말하자면 내 손의 컵에서 엎질러진 것을 제때 피하지 못해서 생겼다고도 할 수 있다.

아리스토텔레스와 그를 따랐던 중세 학자들은 네 가지 유형의 원인을 인정했다: 형상인(물질은 다른 색을 띨 수 있다); 질료인(갈색 액체는 흰 바지에 갈색 얼룩을 남긴다); 작용인 또는 동력인(누군가가 나와 부딪치고 내 손이 움직인다); 그리고 마지막으로 하얀 여름 바지의 변색과 같은 사소한 문제와 관련해서도 볼 수 있듯이, 목적인(논리적으로 가능한 모든 관점에서 고려해 보아도 어떤 목적이나 의미가 있다고 말할 수 없는 불상사가 발생한다).

타이타닉호의 침몰 같은 대규모의 재난이 있을 때마다 충격받은 대중들은 수없이 논의되었던 질문들을 또 다시 묻는다. 그 재앙은 더 높은 권능, 인간의 부주의, 아니면 기술적 오작동에 의해 야기되었는가? 그 배는 빙산에 부딪힐 운명이었나? 선장이 잘못했나? 사망자 수가 그렇게 많은 이유가 단지 구명정이 충분하지 않았고 구조대가 충분히 빨리 도착하지 않았기 때문인가?

우리는 이렇게 다소 덜 복잡한 불행 말고도 그 문제의 복잡성이 전통적 인과관계 결정의 전제조건인 원인과 결과를 엄격하게 구분할 수 없게 만드는, 소위 '사악한 문제들'도 다루어야 한다. 바로 이런 이유 때문에 흡연이 실제로 암을 유발하는지 또는 기후 온난화가 탄소-기반 연료의 사용으로 바로 거슬러 올라갈 수 있는지에 대한 (특히 법적인) 논쟁은 수십 년 동안 지루하게 늘어질 수 있다. (물론 영리한 변호사들 덕분이며 로비스트들의 이익이 걸려 있어서 그렇다.)

양자물리학이나 카오스 이론의 진전된 접근법들은, 발생하는 모든 것이 근본적으로 기계적 원인들로 설명될 수 있는지 여부를 묻는 뉴턴 시대 이후의 맹렬한 질문을 버린 지 오래되었다. 철학사를 통틀어 수많은 회의론자들, 가장 두드러지는 18세기의 데이비드 흄은 경험주의 정신으로 모든 형태의 인과성이나 필연성을 부정하기도 하였다. 현대에 사변적 유물론자들이 절대적 우발성absolute contingency의 필연성 말고는 더 이상 어떤 필연성도 인정하지 않음으로써 인과관계의 고르디우스 매듭Gordian knot of causality을 분쇄하려는 노력은 훨씬 더 급진적이며 위험한 시대에 위험한 지적 책략일 것이다.

실질적인 재해

유력한 21세기의 기술들을 살펴보면 '재해accidents'라는 단어에 대한 더 일반적인 정의가 떠오른다. 예상치 못한 재앙이나 불행한 일이라는 의미에서 재해는 그것의 기저에 있는 실체와 상이한 관계가 있다. 21세기의 재해들은 더 이상 실체의 단순한 부수품이 아니라 기존의 (형이상학적) 질서를 뒤집을 잠재력을 가지고 있다. 오늘날 우리를 위협하는 재앙들은 그저 아리스토텔레스적 의미에서 우발적인 게 아니다. 즉 그 재앙들은 부분적 측면에만 관련되지 않고 문제의 시스템 전체를 위협한다. 이는 잠재적인 핵참사뿐만 아니라 금융계의 '글리치glitches'(시스템의 일시적 오류)와 다가오는 기후 붕괴에도 적용된다. "우리는 산업재해 또는 군사재해와 구별되어야만 하는 알고리즘 재앙의 출현을 목격했다. 산업재해의 인과관계는 추적할 수 있고 피할 수 있지만, 알고리즘 재앙의 통제는 점점 더 인간의 능력을 넘어서고 있다."13 기술 철학자 육휘Yuk Hui는 더 나아가 "모든 재앙은 알고리즘적이며 심지어 자연적인 재앙들도 마찬가지다"라고 주장한다.14

알고리즘 재앙이나 사이버네틱 재앙은 근본적으로 형이상학에 새로운 질문들을 제기한다. (하이데거는 말년에 복잡한 사회조직, 살아 있는 유기체, 기계를 규제하고 통제하는 과학으로서의 사이버네틱스에 직면하여, 형이상학 자체의 종말을 성급하게 예언하기도 했다.) 이들 중 확실히 가장 중요한 질문은 첨단기술을 사용하여 우리가 자초한 인공적인 문제들을 파악할 수 있는지 여부, 또는 우리에게서 그리고 자신이 만들어낸 문제에서 **영원히** 멀어지고 있는 '탈주기술runaway technologies'을 우리가 지금 다루고 있는지 여부이다.

알고리즘의 예측불가능성

'탈주기술'이라는 문구는 실제로 무엇을 의미하는가? 하나의 가능한 해석은 알고리즘이 그것의 고정된 구조에 따른 예측불가능성을 생성할 수 있다는 것이다. 흥미롭게도, (대부분이 남성인) 기술 철학자들은 이 현상에 재앙적인 잠재력이 있다고 종종 인정한다.

루치아나 파리시Luciana Parisi는 알고리즘적으로 생성된 예측불가능성에 대해 보다 긍정적인 해석을 제안하는데, 이 제안은 "알고리즘은 단순히 최적화된 해결책으로 이끄는 명령어들이라는 견해보다 번호를 매길 수 없는 양nondenumerable quantities의 계산불가능한 공간을 계산적으로 탐색하는 것이라는 견해가 우세해졌다"[15]는 가정을 기반으로 한다. 이 계산불가능한 공간은 단순히 부정적으로 무한한 수열이 아니라 오히려 실질적인 예측불가능성을 만들어낸다. 알고리즘은 이런 공간을 구축하면서 우리의 실존에 영향을 미친다. 그렇다면 21세기에 우리는 주로 예측할 수 없는 재앙을 다루고 있는 것이 아니라 의사소통과 조정의 전도유망한 잠재력을 열어 제치는 문제를 다루고 있다. 그렇다면 이렇게 이해한 알고리즘은 새롭고 긍정적인 (형이상학적인) 무한을 향해 질주하는 일종의 '탈주기술'이 될 것이다.

이야기하는 인간homo narrans 대 종말론적 인간homo apocalypticus

인간이 무엇인지 또는 무엇일지에 대한 수많은 정의 중 하나는 우리가 이야기하는 동물이라는 것이다. 이는 우리가 매번의 발전을 그것의 끝이라는 관점에서 이해한다는 의미이다. **끝이 좋아야 다 좋은 것이니, 부화하기도 전에 병아리를 세지 마라.** 한때 오스트리아의 민속 시인 요한 네스트로이Johann Nestroy는 음울한 그의 19세기 독자들을 안심시키기 위해 "**어쨌든 혜성이 오고 있다**Kummt eh da Komet!"라고 썼는데, 이는 특히 근대의 인간들에게 맞는 말이다. 어쩌면 이 말이, 우리 스스로 초래하고 있는 여섯 번째 (아니 어쩌면 마지막일 수도 있는) **대멸종**에 대해 우리가 그토록 무관심해 보이는 하나의 이유일 수 있다.

'문제'는, 장 피에르 뒤피Jean-Pierre Dupuy가 말하듯이, "재앙은 믿기지 않는다는 것이다. 재앙은 일단 발생하고 나서야 가능한 것으로 간주되는데, 그때는 너무 늦다. 나는 이러한 장애가 우리와 시간의 관계에 대해 철저하게 새로운 형이상학적 개념이 채택될 경우에만 극복될 수 있다고 믿는다".16 이는 특히 지난 2세기 동안 그러했다. 브뤼노 라투르에 따르면, "근대성은 전적으로 종말 안에서 살고 있거나, 더 정확하게는, 우리가 곧 보게 될 종말 **이후**에 살고 있다. 바로 이것이 역사가 가져오고 있는 정말로 새로운 것에 대해 아무 것도 이해하지 못한다고, 근대성이 스스로를 비난해 온 이유이다. 그래서 우리는 결국 **현 시점**에서 종말론적 담론에 진짜 참여하기로 합의해야만 한다".17

세속화된 사고는 마치 때가 이미 종말이고 최후의 심판도 이미 내려진 것처럼, 자신의 탈-종말 게임을 펼친다. 그런데 니체의 '최후의 인간'처럼 눈을 가늘게 뜨고 역사의 종말을 응시하며 우리를 그리로 안내하는 것과는 다르게, 우리가 종말을 철학적으로 우리의 사고에 통합시킬 수 있을까? 철학자 레이 브래시어Ray Brassier는 그의 저서 『풀려난 허무Nihil Unbound』에서 급진화되고 진보적이며 사변적인 허무주의 이념을 옹호한다. (그러나 이 저서 이후 그는 그의 바람과는 반대로 사변적 실재론자로 새겨졌다.) 물론, 우리 모두는 이미 죽었고, 태양은 폭발했다.

다시 말해, 우리는 무엇이든 모든 것의 붕괴에 대하여, 이 저자와 그의 독자들은 물론 우리의 존재를 증명할 모든 기록 매체와 모든 기호의 완전한 소멸에 대하여 알고 있다. 그러나 종말론적 사고는 그런 미래의 관점에서 아무것도 어느 누구도 우리 존재의 흔적을 해독할 수 없는 한 우리는 전혀 존재하지 않았던 것과 마찬가지라는 관념에 관한 것이 결코 아니다. '계시' 또는 '드러냄'을 의미하는 그리스어 아포칼립시스apokalypsis에서 유래한 **종말**은 무엇보다 역사적인 '전환점'을 의미한다. 이런 의미에서 종말론적 사고는 파멸적인 사고가 아니라 오히려, 공식적으로, 미래로부터 우리 자신의 현재도 포함하는 과거를 되돌아보게 한다.

그러므로 종말론적으로 사고한다는 것은 재앙을 기념하는 것이 아니라 우리의 목표를 바꾸는 것과 시간의 방향에 대한 우리의 개념을 바꾸는 것을 의미한다. 해결책은 재앙적인 파국이 아니라, ('돌아가는 것'을 의미하는 그리스어 아나스트레핀 anastrephein에서 유래한) **재활론**anastrophism이다. 시간의 자리바꿈과 새로운 사유를 위한 시간.

자연법칙들이 늘 있을 것인지 여부에 대한
자연-정치적인 문제에 대하여

우리가 시간이 반직관적으로 흐르는 자연법칙이 없는 세상에 살고 있거나 자연법칙들이 끊임없이 변하는 세상에 살고 있다고 생각하면 심란하다. 그럼에도 불구하고 회의주의 철학자들은 적어도 자연의 규칙성은 형이상학적 실체화metaphysical hypostatization라고 한결같이 폭로하기 시작했다. 자연법칙들은 오직 우리의 습관에 기인하며, 그래서 사건들이 과거에 아무리 자주 반복적으로 발생했더라도 이는 미래에도 자연이 무한정 신뢰할 수 있는 상태로 계속될 것임을 내포하지 않는다는 의미이다. 어제는 거짓이었던 진술이 나중에 참이라고 밝혀질 수 있듯이 오늘 불가능하다고 여겨지는 일들이 장래에는 일상이 될 수도 있다.

우리는 지금 시간에 관한 근본적인 철학적 질문들을 다루고 있다. 지금까지 우리는 전통적인 형이상학에 따라 미래(의 법칙들)가 과거(의 법칙들)와 같을 것이라고 가정하거나, 회의론자들을 따라 자연법칙들은 미래에 변할 수도 있다고 가정할 수 있었다. 그러나 21세기에는 과거와 미래가 결코 같을 수 없다는 세 번째 선택지를 생각할 수 있어야 하고 또 해야만 한다. 경험적으로 입증된 현재의 법칙들이 미래에는 변하거나 아니면 그대로 똑같을 것이라는 수천 년 묵은 추론의 한가운데에 개입하면서, 우리는 이제 법칙들의 지속적인 실존은 결국 개연적이라고 사변적인 제안을 한다. 즉, 사변적 유물론자인 퀑탱 메이야수Quentin Meillassoux의 말을 빌리자면 "나는 여러 경우가 있는 우주들의 우주Universe는 없다고 상정한다. 시간은 무엇이든 가능성의 비모순적인 집합을 가져올 수 있다고 상정한다. 그 때문에, 시간에는 가능성의 어떤 고정된 집합에 '잠재적으로' 포함되지 않았던 새로운 법칙을 가져올 능력이 있다고 본다. 나는 **앞선 상황에 전혀 포함되지 않았던 상황**을 일으킬 수 있는 시간의 능력을 인정한다".[18]

일단 우리가 자연법칙들의 시간-논리적 제약에서 해방되면, 시간과 관련된 다른 가능한 반론들도 있다는 게 보인다. 우리가 자연**법칙들**의 잠재적인 무효화 가능성을 말할 필요가 있을까? 아마도 엄밀히 말해 이 자연법칙들이란, 결코 무한 전체와 관련된 시스템이 아니라 오직 무한의 일부 또는 공리들의 부분집합에만 관련된 시스템으로서, 그 안에서 서로 다른 '법칙들'이 작동할 수 있도록 관계들이 형성되는 시스템들일 것이다. 예를 들어, 우주선에서는 중력의 '법칙들'이 실질적으로 작동하지 않는다. 우리도 물체의 연소를 인과관계로 설명하는 대신 한 시스템 안에서의 관계적 변이로, 즉 부분과 전체 사이의 관계 내 변화로 생각할 수 있다(분자가 분해되고 산소 원자들이 결합된다, 등등으로).

법률이 오직 특정 정치의 틀 안에서만 타당하거나 구속력이 있는 것처럼, 중력은 지구 궤도를 도는 우주선 안에서는 경험할 수 없다. (마치 중력은 전혀 있지도 않은 것 같다.) 법률은 항상 특정 정치의 일부이며 그것의 영역을 벗어나면 자신의 물리적 증거를 잃는다. 이러한 형이상학적인 메타-물리학적 의심에 직면하여, 우리는 자연과학들과 겨루는 새롭거나 오래된 형태의 상대주의를 동원하지 않고도 자연법칙은 항상 자연 정치학 politics of nature의 일부라고 말할 수 있다.

가능성이 희박한 우연

일반적으로 사회와 문화구조는 뜻밖의 급변과 무법을 방어한다는 예방적 메커니즘으로 이해된다. 게다가, 우리는 본래 예기치 않는 것의 유입을 막으려고 하는 문화에서 살고 있다. 이 목적을 위해, 위반하면 처벌의 위협이 따르는 법률은 물론 필요성과 적법성이라는 뚜렷한 인지적 범주들도 갖고 있다.

우리의 사회적, 정치적, 형이상학적인 사고는 이러한 범주들에 친숙하다. 그리고 근대의 시기에 이런 사고가 더 이상 가능하지 않게 된 경우, 우리는 우리가 다른 범주들을 창조하는

데 독창적임을 보여주었다. 우연chance의 발명이나 우연성 aleatorics의 발명은 위안이 되는 환상을 제공한다. (우연은 게임에서 쓰이는 '토큰'이나 '말'을 의미하는 아랍어 **알-자르**az-zahr에서 유래한 **해저드**hazard이며, 우연성은 '주사위'라는 뜻의 라틴어 **알레아**alea에서 유래하였다.) 즉, 예기치 못한 사건들이 기도해야 할 신성한 문제가 아니라면, 적어도 수치적으로나 수학적으로 관리할 수 있는 위험을 지니고 있다고 봄으로써 우리가 통제할 수 없는 것들을 길들일 수 있다는 환상이다. 이것의 이면에는 헤아릴 수 없는 것이 합리적으로 통제될 수 있다는 생각이 있다. 이는 환상임에도 불구하고 '말이 되는make sense' 환상, 즉 보험산업 같은 곳에서 실재를 창조하는 효과를 가질 수 있는 환상이다.

'우연을 믿음'은, 메이야수의 설명으로는, "불가피하게 형이상학적인 믿음이다. 왜냐하면 그것은 확정적인 확률법칙들의 사실적 필연성에 대한 믿음을 포함하는데, 이 확률법칙들은 소위 결정론적 법칙들의 필연성을 통하지 않고는 더 이상 설명이 불가능하기 때문이다".19 21세기를 위한 미래의 형이상학은, 근본적으로 우발적인 현상들에 확률이론을 강제적으로 적용하는 것으로는 만족할 수 없을 것이다. 이러한 관점에서, 급진적 우발성을 우연이나 비개연성의 발생으로 설명하거나 관념화하려는 시도는 전지전능의 환상에 빠진 추측통계학stochastics을 규범화하려는 노력으로 등장한다. 확률론적 범위는, 사상자의 최소화를 약속하는 일방적인 드론 전쟁에서부터 알고리즘을 최적화하여 사전 선별한 위험이 최소화되는 연애관계에까지 이른다. (여기서 사상자를 최소화한다는 것은 적어도 '자유주의' 사회의 편에서 말하는 것으로, 그 사회의 언론 보도는 상대편의 대가가 얼마나 크든 상관없이 낮은 사상자 비율을 기대한다.) 여기에서 억압되는 것은 다른 종류의 전쟁이나 관계들만이 아니라 바로 그것의 헤아릴 수 없음에 의해 정의된 타자the Other에 대한 전체 관념이다. 그러나 이와 정반대가, 즉 우리가 알지 못하는 것(과 통제할 수 없는 것)을 아는 것뿐만 아니라 알지 못하는 것과의 조우contact도 진보성의 척도가 되어야 하지 않을까?

비-정상, 즉 예외들이 규칙보다 더 일관된 경우

알고리즘 시대에서는 한때 우발적이었던 불운한 사고가 실질적으로 많아졌다. 우리는 다방면의 다양한 분야에서 변이를 일으켜 (비)정상이 된 이상현상들을 목격하며, 이들은 한때 질서를 창조하는 능력으로 이름을 날린 사이버네틱 시스템들에게 불안정성에 대한 적절한 조치를 취하게 한다. (여기에는 사회 통제 시스템들도 포함된다.)

이는 실리콘 밸리 서클에서 "빠르게 움직이고 부수자Move fast

and break things"라는 모토로 찬양된 가속 생산방식으로서의 '글리치' 개념을 훨씬 넘어선다. 유시 파리카Jussi Parikka와 토니 샘슨Tony D. Sampson은 "실제로 해커, 스팸 발송자, 바이러스 제작자, 우리의 브라우저를 그들의 콘텐츠로 다시 보내려는 포르노물 제작자들이 작성한 프로그램들로 인해 사이버네틱 시스템의 의도된 기능성과 배치에 문제가 발생했다"[20]라고 말한다. 현재 우리가 수신하는 모든 이메일의 최대 40%가 포르노 콘텐츠, 바이러스 등을 포함하는 스팸이라면, 우리는 결코 이를 (표준에서 다소 미미하게 벗어났다는 의미에서의) 이상현상이라 말할 수 없다. 스팸을 처리하는 일들, 즉 메일 필터 설정, 바이러스 스캐너 사용, 팝업 광고 차단 활성화 등등의 일은 이제 인터넷 사용의 '정상적인' 부분, 즉 비-정상이 되었다.

스팸과 컴퓨터 바이러스가 우리의 일상 디지털 생활의 일부인 것처럼, 우리는 디지털의 패러다임 아래에서 작동하는 고빈도 파생 경제high-frequency derivative economy 역시 그것의 '글리치' 측면에서 이해해야만 한다. (마찬가지로 우리는 우리의 정치를 소위 난민이라는 이상현상의 측면에서 이해해야만 한다.) 우리는 여기에서 검은 양이나 나심 탈레브Nassim Taleb의 검은 백조, 즉 다소 비개연적인 극단적 사건들을 다루는 것이 아니라, 변동성 거래자이자 시장 형이상학자인 엘리 아야체Elie Ayache가 그의 저서『검은 백조: 확률의 종말 The Blank Swan: The End of Probability』에서 새로운 정상으로 묘사한 것을 다루고 있다. 새로운 정상, 비정상.

새로운 병리학의 관점에서 생각하기

예술가와 철학자들, 그중 특히 남성들은 자신들이 인간을 다른 나머지 피조물보다 우월하게 하는 본보기라고 늘 생각해 왔다. 그리고 그들은 이것을 바로 자신들의 고통에, 전통적으로는 자신들의 우울에, 그리고 최근에는 존재와 무의 부조리에 실존적으로 던져진 존재감에 연결시키곤 했다. 급격한 변화에 직면하여 전통적인 의미를 상실하고 자신의 목소리나 심지어 언어 자체를 상실하는 것에 대한 두려움은 우울한 상태의 징후이며 사회적으로나 정치적으로나 개인적으로 자신의 잠재력을 실현할 수 없음에서 오는 고통의 증상이다.

좌파 이론가인 프랑코 베라르디 Franco Berardi는 우울증을 "우리가 의미의 비–실존을 파악하는 순간이기 때문에 진실 the Truth 에 가까운 상태"로 이해한다.21 오늘날은 물론 미래에서도 위대하고 진실한 질문들에 우리의 눈을 뜨게 하는 것은 우리 개개인의 실존에서 특별히 구별되는 순간들이 아니라, 우리 모두에게 영향을 주는 재앙과 병리의 일상적인 평범함일지도 모른다. 우리는 21세기 증후군에 시달리고 있다. 즉, 인터넷과 소셜 미디어와 이에 상응하는 스마트 기기들의 출현과 더불어 우리에게 일련의 새로운 병리현상이 주어졌다. 래리 로젠Larry Rosen의 용어로 말하자면22 현대의 'i-장애i-Disorders'는 지난 세기 초에 유행했던 신경증과 히스테리성 질환과 마비와도 다르고 지난 세기 말에 번성했던 알레르기와도 전혀 다르다. 그것은 주의력결핍장애, 자기애성인격장애, 불면증, 이메일이나 소셜 미디어를 계속 확인하는 강박장애(및 이로 인한 사회적 불안), 스마트폰이 진동하거나 벨이 울린다고 상상하는 환각 등등으로 나타난다.

해당 병리현상들은 다양한 원인에서 기인하며, 마약-자본주의(로랑 드 쉬테르Laurent de Sutter), 제약-포르노 바이오 자본주의(폴 프레시아도Paul Preciado), 그리고 포드주의 노동조건에서 탈포드주의 노동조건으로의 신자유주의적 전환(존 린드블럼Jon Lindblom) 아래에서 개인의 화학적 및 생물학적 불균형을 포괄한다. 인간 뇌의 가소성과 '우연의 존재론ontology of the accident' 개념에 대한 최근의 연구를 고려할 때 카트린 말라부Catherine Malabou의 접근방식은 매우 흥미로운데, 특히 뇌와 마음을 가르고 신경학적 문제와 정신의학적 문제를 가르는 기존의 형이상학적 또는 생물학적 구분에 반대하는 그녀의 논쟁적 전환 때문이다.

녀는 "분명히 명시되어야 한다"면서 "어떤 철학자도 뇌의 고통이라는 거대한 문제에 인식론적, 임상적, 형이상학적 방법으로 접근한 적이 없었다"[23]고 밝힌다.

21세기의 새로운 메타생물학과 메타정신의학에서는 기질성 외상과 사회정치적 외상의 경계가 무너져 서로 스며들고 있다. 여기에서도 우리는 우발적인 이상현상들을 다루는 것이 아니라, (뇌외상, 뇌병변 같이) 심각한 두부외상의 영향도 포함하고 점점 늙어가는 뇌의 일상적 영향도 포함하는 중대하고 실질적인 이상현상들을 다루고 있다. 이에 따라 개인의 정체성에 대한 오래된 형이상학적 질문들이 새로운 방식으로 다시 제기된다. 우리는 이제, "자신이 기억하지 못하는 행동에 책임이 있는가?"라는 추상적인 질문 대신 "알츠하이머병을 앓고 있는 나의 할머니는 여전히 같은 사람인가 아니면 다른 사람이 되었는가?"라고 묻는다. 말라부가 썼듯이, "뇌기능에 닥친 우발적 사고는 역사의 실타래를 끊고, 역사를 뇌의 밖으로 내몰고, 그 흐름을 정지시키며, 비록 정신은 살아 있더라도 해석학적으로 '회복할 수 없는' 상태로 남는다. **따라서 대뇌의 우발적인 사고는 자기가 당한 사고의 무의미함에서 살아남을 수 있는 주체의 능력을 드러낸다.**"[24] 우리는 우리에게 닥친 일의 창조물이자 자기가 당한 사고의 피조물이 된다. 이는 결코 사소한 일이 아니다. 즉,

칸트의 유명한 정의를 수정하여 말하자면, 제3천년기(2001~3000년)에서의 계몽은 인류가 인간 존재의 실질적 우발성에 대해 스스로 자초한 미몽으로부터 벗어나는 것을 의미한다.

형상/질료

해체적인 나노기술: 질료의 정보에 밝은 형상들

비판적 사고나 비판적 예술의 임무는 실체와 우유성, 형식과 내용, 몸과 마음 같은 전통적인 형이상학적 구분을 해체하는 데 있다는 믿음이 지난 세기 후반에 확고해졌다. (물론 자크 데리다가 처음 사용한 '해체deconstruction'라는 용어도 '실체', '마음', '형상' 같은 그것 이전의 철학적 개념들과 마찬가지로 일상 언어에서 종종 오용되기 시작했다.) 페미니스트들은 능동적이며 남성적이라고 암호화된 형상과 수동적이며 여성적이라고 암호화된 질료의 대립 같은 이원론의 가부장적 구조를 지적했다. 질료matter라는 단어는, 그리스어 피시스의 설득력 있는 번역인 마터mater(어머니)에서 유래한 라틴어 마테리아materia/물질로 거슬러 올라간다. 이러한 '서양의' 구별과 구분들도 탈식민주의적 관점으로부터 도전을 받았다. 사실 여기에는 특히 지정학적 이유로 패권적인 파워와 설득력을 잃은 '서구' 지배의 잔재들이 남아 있는 경우가 많다.

비평의 모든 정치적, 예술적, 또는 그 밖의 다른 범주들을 차치하더라도, 형상과 질료의 관계 역시 과학적 합리성이라는 지형에서 변형되어 왔다. 예를 들어, 나노기술 분야의 진전은 객체의 물질성 또는 '질료적' 실체가 가변적mutable이라는 것을 보여주었다(질료 자체가 해체될 수 있다는 통찰로써 나노기술은 프랑스 탈구조주의가 암시했던 경로를 어느 정도 '따라가고' 있는 중이다).

우리가 물질의 형태를 성형하거나 바꾼다고 부적절하게 묘사하는 것은 사실상 물질의 구조 자체에 개입하는 것이다. 여기에서도 우리는 새로운 언어가 필요하다. 물질을 변형하는 것이 그것의 외형은 물론 그것의 본질에도 영향을 미친다는 것을 알게 된 나노기술의 시대에서는, 한때 우리의 문화와 예술을 정의한 형이상학적 범주들도 문제시되고 있다.

게다가 나노기술로 정보화된 미래의 형이상학은 물질 자체를 스스로와 소통하는 정보로 이해할 수 있는 합리적 토대를 제공한다. 프리드리히 키틀러Friedrich Kittler는 물질에 대한 이러한 견해를 시종일관 강력하게 주장했다. 그렇다면 기계들 그리고 어쩌면 기술 전반은 더 이상 단지 인간을 위한 도구가 아니라, 결정질crystalline* 양자 차원에서 물질이 스스로를 알아가는, 그 자체로 지능적인 피드백 메커니즘일 것이다. 더 나아가 이는 우리 자신의 생물학적 본성을 정보꾸러미로 이해하는 것, 즉 DNA를 유전 정보의 운반체이자 유전자의 물질적 토대로 이해하는 것과 상응한다. 따라서 모든 양자물리학이나 유전자 기술의 기저에 놓인 형이상학적인 전제는 우리의 물질적 본성은 언제나 이미 단순한 **피시스** 이상이라는 통찰이다. 메타피시스이다.

지속되는 이원론의 호소

인간 이성의 신성한 기원이나 모든 지상 현상으로부터 인간 정신의 독립성을 입증하려는 철학사 전반에 걸친 시도들에 대해 누가 연민의 미소를 짓지 않을 수 있을까? 그리고 철학의 유물론적 이단자들은 자신의 반종교적 견해 때문에 추방당하고 심지어 조르다노 브루노Giordano Bruno처럼 화형까지 당하면서 무슨 생각을 하고 있었을까?

오늘날까지도 철학자들이 자유의지에 대해서나 우리의 결

---

* **옮긴이_** 결정질이란 원자나 분자가 규칙적으로 배열되어 일정하고 특이한 내부 구조를 가지는 물질이다.

단이 신경생리학적으로 결정되는지 여부를 끝없이 논쟁하고 있다는 사실은 화병이거나 직업병에 지나지 않을 것이다. 심신 평행론psychophysical parallelism이나 이원론적 상호작용론dualistic inter-actionism 같은 최근의 철학적 접근법들에 대한 열광도 마찬가지라고 할 수 있다. 이 접근법들은 근본적으로 수 세기 전에 바뤼흐 스피노자Baruch Spinoza 같은 철학자들이 처음 설명한 접근법을 재구성한 것들일 뿐이다.

그런데 오늘날 그렇게 널리 퍼져 있는 반형이상학적 실용주의는 그 이전의 것보다 실제로 더 진보했을까? 누군가가 끊임없이 바뀌는 자신의 알레르기 증상이나 만성적 우울감에 대해 이야기할 때 우리는 어떻게 반응하는가? 그들에게 약을 복용하거나 정신분석가에게 가라고 조언할 때 우리는 오랫동안 익숙한 반사나 반응들로 되돌아가곤 하지 않는가? 더구나 (세 번째 철학적인 선택으로) 기본적으로 이해되기보다 그저 주장될 뿐인 마음과 몸의 상호 의존성에 대한 신비적 암호에 불과한 '심신'이라는 마법의 단어를 꺼낼 때도 그렇지 않은가?

우리 안락의자 형이상학자들은 고물이 된 이원론들을 아직도 극복하지 못한 것 같다. 대화치료를 시도해 보라는 우리의 권고 뒤에는 심적인 것과 물리적인 것은 별개라는 믿음, 더 나쁘게는 자유의지에 대한 암묵적 가정이 숨어 있다. 심리치료나 정신분석 치료가 더 이상 도움이 되지 않을 때 항우울제를 복용하라는 조언 뒤에는 모든 것이 궁극적으로 그 사람의 물리적인 (선천적) 성향에 달려 있다는 결정론적 인정이 있다. 상당히 노력해야만, 우리 문화를 형성하는 이원론들에서 우리 자신을 해방시키지는 못하더라도 적어도 이전보다는 그것들에 대해 더 건설적으로 생각할 수 있을 것이다.

탈물질화의 신학

형이상학을 벗어난 생각은 없으며 형이상학적이지 않은 생각도 없다. 오히려 학계의 전문 철학자들의 경우뿐만 아니라 특히 형이상학적 범주들이 암묵적이고 성찰되지 않은 채 남아 있는 곳마다 부적절하거나 불명확한 철학적 사고가 허다하다.

후자의 예로서 디지털 기술에 대한 여러 논쟁을 보면 용어 선택에서조차 의심스러운 형이상학적 전제들을 무심코 드러낸다. '네트워크'와 심지어 '클라우드'는 모든 계산의 물질적 기반을 모호하게 만드는 그런 기만적이거나 이데올로기적인 두 개념이다. 캐서린 헤일스N. Katherine Hayles는 "정보는 어떻게 그것의 몸을 잃었는가"에 관해『우리는 어떻게 탈인간이 되었는가How We Became Posthuman』를 저술했으며, 에드 핀Ed Finn은 "알고리즘이 사용되기 위해서는 항상 반드시 구현*되어야만 한다. 실제로 이 사실이 알고리즘의 가장 중요한 특징이다. 알고리즘과 그들의 인간 협력자들은 그 어색한 중간 지점을 점유하고 정의함으로써, 이데올로기와 실천을, 순수한 수학과 불순한 인간성을, 논리와 욕망을 통합하는 문화기계culture machines라는 새로운 역할을 수행한다"25라고 언급했다.

그러나 사용된 물질적 플랫폼과 물질들이 은폐되는 경우가 너무 많은데, 마치 하드웨어는 없고 순전히 소프트웨어만 있는 것 같다. 특히 형식 대 내용 또는 정신 대 물질 같이 고물이 된 형이상학적 이원론을 반복하려는 강박은 지금의 기술 상태에 대하여 적절한 수준의 철학적 성찰이 수반되지 않은 곳 어디에서나 관찰될 수 있다. 우리는 뭐든 물질적인 것은 배제하려는 철학에서의 경향인 '관념론'을 알고 있다. 물론 뭐든 모든 비물질적 혹은 정신적 요소들의 유의미성을 배제하려는 강경 유물론자들의 상반된 배제 메커니즘도 있다. 관념론은 플라톤으로부터, 특히 물질적 생명을 포함한 모든 생명은 심적 관념들에서 비롯되었다고 믿는 플로티누스Plotinus 같은 신플라톤주

———————

* 옮긴이_ 구현은 머릿속에 있는 알고리즘을 컴퓨터가 이해하고 실행할 수 있는 소스코드로 바꾸는 과정이다.

의자들로부터 시작되었다. 오늘날에는 데이터에 대한 영적인 열정이 중세 신학자들 못지않게 강렬한, 이언 보고스트Ian Bogost가 말한 알고리즘-대성당algo-cathedral의 수많은 이데올로그들이 자신도 모르게 똑같은 관념론적 증상들을 반복하고 있다.

새로운 기술의 물질적 측면을 '간과'하는 것은 밑에 있는 권력과 착취의 물질적 관계에서 이익을 얻는 사람들에게 특히 안성맞춤이다. (가장 분명한 반론은 **소프트웨어는 없다**고 수십 년 전에 선언한 프리드리히 키틀러Friedrich Kittler의 주장이다.) 고대 아테네의 노예 소유주 사회나 종교적인 중세 시대는 물론 수세기 전에도 사실이었던 것은 구글Google, 페이스북Facebook, 아마존Amazon 등 여러 기업이 주도하는 신봉건적인 독점자본주의 시대에서도 여전히 사실로 남아 있다. '클라우드'의 물질적 토대에 관한 우리의 무지 또는 잘못 알고 **비물질적인 노동**이라 불리는 것에 관한 우리의 무지는 모든 개인에게 부담을 줄 뿐만 아니라 우리 사회 전체에 영향을 미친다. 디지털 플랫폼들 역시 물질적 자원들을 착취해야만 가능하다. (마이크로칩용 실리콘, 리튬-이온 배터리용 코발트 등의) 자연, 그것들을 분해하고 조립하며 설치하는 인적 자원, 그리고 그것들을 사용하고 소비하는 모든 사람들을 착취해야만 한다.

비물질성 또는 탈물질화 이데올로기는 지금의 지배자들에게 봉사하는 안락의자 철학이다. 여기에도 다른 모든 곳과 마찬가지로 형이상학적으로 잘못된 것과 정치적으로 잘못된 것과의 연결이 있다. 나쁜 형이상학은 항상 나쁜 정치에 봉사한다.

삶/죽음

철학의 잠이 낳는 과학적 괴물들

19세기 초 뱀파이어 이야기가 문학에 등장하여 전염병처럼 퍼진 것은 우연이 아니다. 뱀파이어라는 문학적 인물은 그 자체가 유령이었고, 그것의 출현은 수십 년 전 주로 합스부르크 제국의 동쪽 국경을 따라 발생했던 '진짜' 뱀파이어 전염병의 섬뜩한 귀환이었다.

뱀파이어는 죽음에 굴복하길 거부하고 살아 있는 자의 피를 마셔 몇 번이고 삶으로 되돌아오는 것이 특징이다. 따라서 그것은 철학의 역사 내내 한결같이 존재론적으로 정립된 구분인 몸과 영혼, 물질과 형상, 수동성과 능동성의 양극화를 교란시킨다. 이는 뱀파이어라는 형이상학적이고 과학적인 괴물을 생명과 죽음의 경계에 대한 새로운 질문의 전형적 화신으로 만든다.

뱀파이어들은 1800년경에 재구상된 생명 원리들을 예시적인 방식으로 구현한다. 다른 말로 표현하면, 그것들은 확립 중인 바로 그 과학적 질서와 동시에 출몰한다. 생명과 죽음을 정확하게 정의하고, 그럼으로써 그 둘을 처음 서로에게서 분리하기 시작한 현대 생물학이 역사적인 뱀파이어 전염병과 정확히 같은 시기에 등장한 것은 우연이 아니다. 이전에 "생물학은 알려지지 않았고" 이 시기에 비로소 처음으로 구체화되었다면, 미셸 푸코Michel Foucault가 말했듯이, "[이]에 대한 아주 단순한 이유가 있다: 생명 자체가 존재하지 않았다. 존재했던 모든 것은 **자연의 역사**natural history로 이루어진 지식의 격자a grid of knowledge를 통해 보이는 생명체들이었다".26

그러나 (생명과학으로서의) 생물학이라는 분야와 그것의 새로운 대상의 발명은 생명 자체를 설명하기보다는 먼저 그것 자체를 문제로 만들었다. 생명 자체에 대한 과학적 탐구와 생명은 죽음과 엄격하게 분리될 수 없다는 통찰은 처음부터 함께 나아갔고, 존 메이너드 스미스John Maynard Smith나 외르스 사트마리 Eörs Szathmáry와 같은 학자들이 발전시킨 보다 최근의 정의들에까지 이르렀다. 그들에 따르면 돌연변이로 유전되고 자연선택을 통해 진화하게 되는 것이라면 모두 "살아 있다"(그레고리 차이틴Gregory Chaitin은 이를 **생명 = 무작위로 진화하는 소프트웨어**라는

멋진 공식에 담아냈다). 27

  대부분의 '설명'은 그것들이 대답하는 것보다 더 많은 질문을 불러일으킨다. 이를테면 저장된 프로그램을 통해 주변 환경에서 에너지를 섭취하고 폐기물을 다시 배설한다면 살아 있다고 한, 물리학자 에르빈 슈뢰딩거Erwin Schrödinger의 정의 같은 것들이다. 화학자 제임스 러브록James Lovelock에 따르면 생명은 오직 탄소-기반이어야만 (다시 말해, 또한 실리콘-기반 정보 전달체들에 근거해야만) 가능하다. 심지어 생식능력에 대한 생물학적 기준조차 형이상학적 혼란을 가중시키는 주된 역할을 하는데, 왜냐하면 그 기준이 바이러스와 같이 매우 활동적인 개체들뿐만 아니라, 궤변적으로 과장하자면, 폐경 후 여성과 발기부전 남성도 배제하기 때문이다.

  그러한 '생명'은 결코 발견된 적이 없으며, 어디에서도 개별 과학이 즉시 이용할 수 있는 대상으로 찾아질 수 없다. 오히려 생물학은, 화학과 물리학 못지않게, 그 자체로 우리가 그것이 대답하리라 믿는 바로 그 형이상학적 질문들을 제기한다.

유령학, 뱀파이어는 철학과 과학에 어떻게 출몰하는가

  지난 2세기 동안 가장 중요한 철학자였을 이마누엘 칸트는 단적으로 뱀파이어에 대해 어떤 글도 쓴 적이 없는데도 슬라보

예 지젝Slavoj Žižek은 그를 뱀파이어리즘vampirism의 그 철학자라고 불렀다. 칸트는 전 생애에 걸쳐 동시대의 뱀파이어 전염병과 관련된 문제들과 씨름했으며, 특히 1780년대 그의 위대한 세 비판들Critiques과 씨름하면서는 형이상학적으로 혹사당한 정신을 스스로 누그러뜨리려고 했다.

그러나 이미 1766년 『형이상학의 꿈으로 해명한 영을 보는 사람의 꿈Dreams of a Spirit-Seer Elucidated through Dreams of Metaphysics』에서 칸트는 동시대의 합리주의적 심리학뿐만 아니라 자신의 지적 한계에 대한 비판적인 자기성찰을 시도했다. 그는 이 저서를 자신의 비판 작업의 완성으로 보았는데, 그의 획기적인 『순수이성비판Critique of Pure Reason』이 나오기 거의 20년 전이다. (비판critique은 '경계를 긋다'라는 뜻의 그리스어 크리네인krinein에서 유래한다.) 여기서 그는 "아마도 미래에는 [영적인 존재들에 대한] 온갖 종류의 의견이 있을 수 있겠지만 그것들에 대한 [더 이상의] 지식은 없을 것이다"[28]라고 썼다. 『영을 보는 사람의 꿈』에서 칸트는 유령과 영적인 존재를 인식론적으로 구분하려고 한다. "영적인 존재[들]에 대한 철학적 개념은 [⋯] 완전히 다르다. 그 개념은 완성될 수 있지만 이해는 부정적으로negatively 가능하다. 즉 우리 통찰력의 한계를 확고하게 고정함으로써 그리고 자연에 있는 생명의 다양한 현상과 그 법칙들이 우리가 알도록 허용된 모든 것이며, 이 생명의 원리, 즉 영적인 본성은 알 수 없고 [오직] 추측만 가능하며 결코 긍정적으로 생각될 수 없다고 우리를 설득함으로써 이해될 수 있다"[29]라는 이유에서이다.

칸트는 『순수이성비판』에서 **부정**negation이라는 주제를 다시 한번 다루었는데, 부정은 뱀파이어 생명 원리들의 초인간적인 또는 비인간적인 논리에 매우 중요하다. 거기서 그는 **부정판단**과 **긍정판단**에 더하여 그가 **무한판단**이라 부른 것을 인식하는 **초월논리**를 정교화했다. (여기에서 초월적transcendental이란 지식 가능성의 조건들을 규정한다는 의미이다.) 부정이라는 주제의 재개는 뱀파이어 이론으로 제기된 생명과 죽음에 대한 질문들과 직접적으로 연결될 수 있는데, 왜냐하면 그가 무한판단의 필요성을 설명하려고 사용하는 예가, 말 그대로, 생물학과 형이상학 모두에서 출현하는 육체의 필멸 또는 영혼의 불멸에 대한 질문이기 때문이다. 단순한 긍정판단의 경우에 후자의 질문*에 대한 답변은 **아니다**no이다(영혼은 필멸이다). 부정판단의 경우**는 **그렇다**yes이다(영혼은 불멸이다). 칸트는 두 답변 모두에

---

* 옮긴이_ P는 q이다. 영혼은 불멸이다.
** 옮긴이_ p는 q가 아니다. 영혼은 필멸이 아니다.

대한 사변적 불만족으로 아리스토텔레스의 형식 (존재)논리를 확장하고, 그가 '안 죽는' 또는 '비-필멸'이라고 말할 것에 대하여 무한판단*을 정립한다.

존재 혹은 비존재, 생명 혹은 죽음, 영혼이나 정신의 필멸 혹은 불멸, 이 모든 주제들은 1800년경 비판철학과 자연과학 분야에서 재편되었다. 쟁점은 형이상학 자체의 모호한 양상적 지위에 대한 질문들과 더불어, 존재와 비존재 그 자체에 대해 잘 다져진 형이상학적이며 존재론적인 질문들이었다. 존재하는가? 존재해야만 하는가 아니면 오히려 존재하지 않아야만 할까? 생명과 죽음, 존재와 비존재에 대한 질문들은 철학에서는 물론 자연과학에서도 출몰한다. 이렇게 이해되는 형이상학은 존재론 그 이상이다. 데리다가 한 때 불렀듯이 유령학 hauntology이다.

죽음을 배우는 철학
고전철학은 죽음에 굉장한 집착을 보인다. 더 없는 행복이나 영생에 이르는 조언에 초점을 두는 지혜의 가르침이나 종교

---

* **옮긴이_** p는 비q이다. 형식은 긍정이지만 내용은 부정이며, 비p는 사물의 전 범위로 확장될 만큼 외연이 무한하다.

적 신조와 다르다. **철학한다는 것은 죽음을 배우는 것이다**To study philosophy is to learn to die라고 자주 인용되는 정의가 있다. 이는 점점 더 익명화되고 소외되는 대도시 환경에서 살면서, 현대 의학의 발전에도 불구하고 아니면 바로 그 발전 때문에 인간답고 존엄하게 죽는다는 것이 무엇을 의미하는지를 잊었다는 근대인의 빈번한 푸념과 맞아떨어진다.

우리 종 전체가 위협받고 있는 시대에서 이런 정의들은 문명에 지쳐 빠져드는 어떤 향수 없이 확장되고 급진화되어야 한다. 이는 특히 모든 개인은 홀로 죽으며 아무도 우리를 죽음에서 구할 수 없다는, (적어도 하이데거 이후의) 고전적 실존주의의 비유에 적용된다. 이 비유는 인류세의 **여섯 번째 대멸종**에 비추어 재해석이 필요한데, 이 대멸종은 (독일에서만 매년 약 8억 마리의 동물을 도살하는) 그 대멸종의 가해자들을 위협할 수 있다. 죽음, 전멸, 멸종은 더 이상 단지 개별적인 사건들이 아니다. 우리는 다른 종들과 전체로서의 지구에 대한 우리의 책임이라는 문제에 직면하고 있다. 따라서 존재자와 지구의 관계에 대한 **지질학적** 질문들은 새로운 의미를 갖는다. 엘리자베스 A. 포비넬리Elizabeth A. Povinelli는 "인간 생명의 미래나 인간적인 삶의 방식이 지구온난화로 압박을 받으면서 존재론이 철학, 인류학, 문학과 문화학, 과학과 기술학에서 중심 문제로 재부상했다"며, "생명의 모든 형태와 비생명 범주와의 차이를 만드는, 차이를 유지하기 위한 투쟁"[30]을 설명한다.

인간의 불멸에 대한 누를 수 없고 죽지 않아 보이는 판타지가 현재 새로운 테크노-유토피아의 후원을 받고 있지만, 이와 함께 새로운 정신적 지평도 열리고 있다. 즉, 인간 없는 세상을 생각하기 시작할 때가 되었다는 것이다. 게다가 우리 종의 지속이 지구의 지속과 묶여 있다는 (대체로 암묵적인) 가정은 낙관적 환상에 불과하다고 믿을 만한 충분한 이유가 있다. 만약 지구를 구하는 것과 인류를 구하는 것이 나란히 가는 과정이 아니라면? 아닐 수 있는 이유는 우리가 지구를 체계적으로 파괴해 오던 일을 멈추자고 실제로 결정하더라도, 이것이 우리 종의 생존을 보장하는 데는 미치지 못할 수 있기 때문이다. 그리고 '우리의 생존'이 우리 모두, 즉 70억 (그리고 곧 100억이 될) 우리의 동료 서식자 모두를 의미하는지, 아니면 단지 인류만을 의미하는지를 결정하기는 했는가? 그리고 만약 이 선택지들이 출산율의 급격한 감소를 옹호하는 '탈출생주의denatalism' 정치와 환경운동이 제시한 것처럼 상호 배타적이라면, 이는 사회적으로나 정치적으로나 철학적으로도 무엇을 의미할까? 혹, 자발적인 인간 멸종 운동….

탈脫인간, 초超인간, 비非인간:
우리는 무엇이 되어 있을까?

인공 보조기가 없는 삶은 상상하고 싶지도 않다. 안경이 없다면 거의 절반도 못 보며 주춤거릴 것이고, 인체에 고정된 심장박동기나 다른 유사한 기술 장치들이 없다면 사망률이 급격히 치솟을 것이다. 예방접종과 피임약에 반대하는 소수의 종교 광신자와 밀교 수행자들을 제외하면, 호르몬 요법의 개시가 인간 존재의 종말의 시작을 의미한다고 생각하는 사람이 있을까?

그런데, 지금 이미 항상 탈post인간주의적이라고 이해되는, 우리의 생물학이 너무 많은 기술로 과부하가 걸릴 때나 우리의 정자와 난자들이 유전자 조작의 대상이 될 때 우리는 어느 순간에 선을 넘고 있지는 않은가? 이러한 개입은 유전되는 변화를 수반할 것이며, 비록 초trans인간주의자들이 꿈꾸었던 영생으로 이어지지는 않더라도 인간을 더 지속적인 설계 대상으로 만들 수 있을 것이다.

이러한 양적 범주들, 즉 시간적 전후로 작동하는 범주들이 우리를 철학적으로나 사회적으로 앞으로 나아가게 할지는 의심스럽다. 인간이 그나 그녀의 인간성을 잃지 않고 얼마나 많은 기술을 흡수할 수 있는지를 측정하려는 시도는 우리의 지적인 지평을 축소시킨다. 우리가 (마침내) 어느 시점에서 더 이상 인간이 아닌지에 대한 질문은, 공포 시나리오로 제시되든 희망적인 판타지로 제시되든, 대체로 결함이 있다. 탈인간주의자와 초인간주의자들 모두 근본적인 차원, 즉 시간의 철학이라는 차원에서 궁극적으로 오류를 범한다. 그들의 여러 차이점과 내적 모순에도 불구하고 그들은 인간 **이전**과 **이후**로 나눌 수 있는 시간 모델을 공유한다. 의학의 발전 덕분에 영구적이 된 인간의 생명, 생물학적 한계를 초월하는 영구적인 인간의 정신, 그것의 생각과 기억들은 (아마도 유지보수가 필요 없는) 하드드라이브에 영원히 저장될 것이다.

사변적, 가속주의적, 제노페미니스트 철학자들에 의해 정립된 비非/in인간 개념은 무엇보다 더 복잡한 그것의 시간적 구조로 이러한 탈 또는 초인간주의적 환상과 구별된다. 이미 항상 비인간인 인간은 과거에 정의된 어떤 자연적 본질의 관점으로는 이해될 수 없으며, 오직 우리 미래의 관점으로만 이해될 수 있다. 우리의 지능이 인공적으로 발명될 때마다, 실제로 우리가 우리의 합리성과 지성을 활용할 때마다, 인간이라는 것이 무엇을 의미하는지에 대한 관념, 자아개념, 본질도 변한다. 인간은 없고 오직 인간되기만 있다.

기술공포증과 인공적인 기억상실에 대한 두려움

으뜸가는 위대한 철학 작가인 플라톤은 글쓰기라는 매체가 철학에는 물론 인간의 정신 자체에도 위협이라고 매도했다. 구체적으로, 글쓰기는 기억상실 또는 우리의 '타고난' 기억 능력의 상실과 밀접한 관련이 있다는 것이다. 더 많이 적어놓을수록 기억해야 할 것이 더 적어진다. 더 많이 기록할수록 더 많이 잊어버린다.

이러한 우려들은 인간 두뇌의 놀라운 가소성을 과소평가하고 있다. 신경학적 연구들은 관련된 뇌 기능의 손실을 보여주기보다는 이동shift을 보여준다. 내용과 관련된 뇌 기능이 장소를 이동하고 거기서 해당 내용이 발견된다. 우리는 스마트폰과 노트북에 항상 둘러싸여 있기에 언제든지 우리의 생각이나 발췌문을 기록하고 방금 읽거나 들은 내용을 저장할 수 있으며, 원할 때마다 다른 온라인 지식 출처에 접근할 수 있다. 우리의 뇌가 우리에게 다가온 다양한 주제와 지식 분야에 대한 모든 정보를 저장하기보다는, 이전에 찾았던 정보를 불러오기 위해 사용할 수 있는 장치, 경로, 기술적 출처를 호출하는 경향이 자연적으로 점점 증가하고 있다. 기억상실보다는 기억 이동.

프랜시스 예이츠Frances Yates가 『기억술The Art of Memory』에서 설

명한 고대와 중세의 기억기술mnemotechnics은 가능한 한 효율적으로 인공 보조기에 의지하기 위한 테크네téchne(테크네는 "예술, 과학 또는 기술"에 대한 그리스어이다)가 되었다. 하지만 고대의 아르스 메모리아에ars memoriae(기억의 궁전)는 이미 예술적인artistic 따라서 인공적인artificial 기술이 아니었을까? 우리는 자연적으로 주어진 정신의 능력만으로 만족하고 싶지 않았기에 항상 우리의 정신을 훈련시키려고 했다. 기묘한 우리의 뇌는 언제나 자신의 밖에 존재했다. 마이클 휠러Michael Wheeler가 말하듯이, "우리의 정신이 부분적으로 우리의 스마트폰과 심지어 건물에도 있다면, 그것은 인간 본성의 변형이 아니라 역동적으로 조립된 유기-기술적organic-technological 인지 시스템이라는 오래된 인간 존재론의 최신 발현일 뿐이다. 그럼에도 불구하고, 일단 우리의 자기-이해가 우리의 잡종hybrid 본성에까지 이른다면 세상은 매우 다른 곳이 될 것이다".31 이제 우리는 우리의 뇌에서 오랫동안 있어 왔던 것, 즉 무슨 종류의 변화들이 거기에서 일어나는지를 파악할 필요가 있다. 우리의 뇌 자체는 기술적 변화에 맞추어 스스로를 재형성하는, 가소성이 있는 그런 인공 기관이다.

누가 인공지능을 두려워하는가?

인간 영역과 동물 영역 간의 엄격한 분리는 기독교 전통은 물론 (적어도 모든 유일신) 종교의 일반적인 특징이다. 여기서 가장 중요한 기준들 중 하나는 오랫동안 우리 종의 배타적 특성이라 여겨온 우리의 지성이다. 오로지 인간만이 신에 의해서든 창조에 의해서든 진화에 의해서든 이성을 갖추고 있으며, 우리는 이성적으로 추론하는 존재로서 자연의 나머지 것과는 말할 것도 없고 다른 동물들과 구별된다고 여겨진다.

이 정의가 옳든 그르든, 이는 **사실상** 오늘날에도 여전히 자행되는 수천 년의 사악함에 대한 암묵적이거나 명시적인 정당화이다. 그것은 우리가 우리의 목적을 위해 이용하거나 우리 먹이사슬의 일부인 동물들의 생활 조건을 잊게 만든다. (야생종은 지구상 포유류 바이오매스의 약 4%에 불과하며 나머지 96%가 인간과 우리가 사육하고 보존하는 가축이다.) 그리고 수많은 종의 멸종도 결국 그로 인해 우리가 영향을 받을 때에만 한 종으로서 우리의 관심을 환기시키는 것처럼 보이는 이유이기도 할 것이다.

이와 같이 지능이 없거나 낮은 생명체에 대한 우리의 절대적인 지배와 무분별함을 '정당화'한 것은 (유일무이하다고 추정된) 우리의 지성이다. 그리고 우리 모두가 인식하든 못하든, 우리는 우리보다 우월한 지능이 우리보다 자연에 훨씬 덜 예사롭거나 더 적대적일 수 있으며, 하등 존재인 우리를 우리가 덜 지능적인 생물들을 대우했던 것보다 더 가혹하게 대우할 수 있다고 두려워하는 것이 분명하다.

끝없는 오만

인류는 자신의 멸종가능성에 직면해서조차 거침없는 오만을 택한다. 우리 자신 이외의 다른 지능은 존재하지 않아야 한다. 지능은 오직 인간의 관점에서만 생각할 수 있는 것이다. 그것이 우리 지능보다 훨씬 우월하더라도 그렇다. 이런 인간 중심적인 집착, 코앞에 닥친 일을 생각하지 못하는 우리의 무능력은, 말하자면, 인공지능에 대해 점점 커지는 두려움에서도 볼 수 있다. 더 구체적으로는 인공 인간지능artificial human intelligence에 대한 두려움이다.

그러나 전적으로 다른 비인간 지능이, 마치 우리가 개미나 참새와 같이 소소한 일로 끊임없이 바쁘듯이 우리에 대해 관심을 갖는 것 말고는 할 일이 없을 것이라 가정하는 것은 또 한 번의 오만이 아닐까? 아니 어쩌면 마지막 오만일 수도? 벤저민 브래튼Benjamin Bratton이 생각하듯이 "진짜로 더 나쁜 악몽은 거대한 기계가 당신을 죽이고 싶어한다는 악몽보다 […] 당신을 무관하거나 심지어 알아야 할 별개의 것으로도 여기지 않는다는 악몽"32이 아닐까?

생명형태적biomorphic 혼동

인간 중심적인 관점에서 지능은 궁극적으로 인간의 자질만이 아니라 인간의 유일한 재산이기도 하다. 그 밖의 다른 모든 지능은 인간지능과 비교하여 측정되며 이보다 열등하거나 우월하다고 여겨진다. 이렇게 제한된 관점은 일종의 바이오모픽 혼동에 해당한다. 이는 오래된 필름 릴에서 보듯, 마치 비행에 대한 인류의 오랜 꿈은 새를 최대한 비슷하게 모방하면 이루어질 수 있을 것처럼, 유연한 날개골이나 날개를 사용한 인간의 최초 비행 시도만큼이나 터무니없어 보인다. 브래튼은 "바이오모픽 모방은 우리가 복잡한 기술을 설계하는 방식이 아니다. 비행기는 새가 나는 것처럼 날지 않는다. 그래서 결코 우리는 비행기가 '진짜로' 하늘을 나는 기계인지를 시험하기 위해 비행기를 새로 생각하도록 새들을 속이려고 하지 않는다. 그런데 왜 인공지능AI에게는 그렇게 하는가?"33라고 우리를 상기시킨다.

새로운 번역 알고리즘들을 사용한 AI 연구가 어느 시점에서 그러한 바이오모픽 모방 시도에서 등을 돌렸더라도, 앨런 튜

링Alan Turing이라는 인물과 그 이름이 붙은 테스트인 **모방게임** imitation game*에 대한 대중의 관심은 우리와 기계적 타자machinic Other와의 관계에 대한 지속적인 오해를 입증한다. 여기에는 단지 기술적 문제만 있는 게 아니라 정치적 결과들도 있다. 우리가 미래의 지능을 오직 인위적으로 개조한 인간지능으로만 이해한다면 우리는, 과거의 현재 지속이 아닌 다른 무엇인가가 될, 미래에 기여할 수 있는 인간지능의 잠재력을 포기하는 것이기 때문이다.

어쨌든 그것은 누구의 지능인가?

지능에 대한 다양한 정의들은 차고 넘친다. 그러나 지금으로서는 어디에서도 합의점은 보이지 않는다. 지능 있는 존재는 다른 무엇보다도 합리적으로 행동할 수 있어야 하고, 독립적인 판단을 내릴 수 있어야 하며, 계획을 작성하고 실행할 수 있어야 하고, 이런 계획들을 다른 이들에게 자연 언어로 전달할 수 있어야 한다. 목록은 끝나지 않고 계속 이어질 수 있을

─────────

* **옮긴이_** 튜링 테스트는 기계가 인간과 얼마나 비슷하게 대화할 수 있는지를 기준으로 기계에 지능이 있는지, 즉 기계가 인공지능을 갖추었는지를 판별하는 실험이다.

것이다.

　이러한 질문들에 접근하는 또 다른 방법은 인간지능의 다양한 형태들을 구별하는 것이다. 예를 들어 디르크 베커Dirk Baecker에 따르면 인간지능은 고도로 복잡하며, "의식적인 사고를 할 수 있게 하는 정신 지능mental intelligence, 뇌가 지속적으로 자기 환경에 대한 관념들을 생산하고 평가할 수 있게 하는 신경 지능neural intelligence, 그리고 신체가 스스로를 유지하고 움직이고 행동할 수 있게 하는 유기적 지능organic intelligence으로"34 구성되어 있다. 지금 이러한 정의들은 응집적인 통일성을 갖지 못한다. 오히려 상호 모순되는 겹침도 허다하며 미결정 또는 미해결된 영역들도 많다. 부분들이 형성하는 전체는 결국 그 부분들의 합보다 큰 것으로 드러난다. 동시에 재귀적 전체의 특징은 틈새나 구멍들에 있는데, 이들은 개별 부분들이 보다 원활하게 맞물리기 위한 열린 공간들보다 크다. 사회적 지능과 그 밖의 다른 종류의 지능은 이해할 수 없는 것을 이해하고, 계산할 수 없는 것을 계산하며, 통약 불가능한 것을 자신의 행동에 어떻게든 통합하는, 철저히 역설적인 능력에 의해 구별된다. 우리는 무엇이 타인들을 자극하는지 또는 그들이 다음에 무엇을 생각할지를 전혀 모른다. 자아ego가 또 다른 자아alter ego의 우발적인 개입과 자신 자체를 불가피하게 염려하는 것처럼, 우리의 집단 이기주의는 다른 종류의 기계기능이나 인공지능의 잠재력을 축소한다.

게다가 우리는 우리들이 프로그램한 기계들을 잘못 이해하고 있다. 그러한 기계들은 공급되는 데이터에 계속 의존하는데, 데이터는 결코 중립적이지 않으며 항상 너무나 인간적인 경향이 있다. "인종 차별적인 로봇의 부상"은 미국 교도소 행정실이 사용하는 알고리즘의 인종적 편견에 관한 ≪가디언Guardian≫의 최근 기사 헤드라인이다.[35] 남성과 여성 교육자를 다르게 판단하거나, 우리에게 재정적 법적 결정을 내리는 알고리즘과 관련해서도 유사한 현상을 볼 수 있다. 실제로 존재하는 인공지능 형태들이 인간의 사고, 계획, 판단이 지닌 약점들을 물려받았다는 것이 점점 더 명확해지고 있다.

지금까지 우리는 주로 위에서 묘사한 우발성contingency과 타자성alterity 형태들을 폐기하거나 무시할 수 있는 경향이 있거나, 아예 그렇게 프로그램된 기계지능의 형태들과 마주했다. 그러나 인간의 사고, 계획, 판단의 결함에서 자신을 (그리고 어쩌면 우리도?) 자유롭게 할 수 있는 인공지능은 어떤 모습일까?

역사상 매우 흥미로운 무리, 즉 이중 탈탄소화

기후 변화와의 싸움에서 어떤 성공이라도 거두려면 산업은 물론 일상생활에서도 포괄적인 탈탄소화가 필요하다는 사실이 점점 더 분명해지고 있다. 이런 맥락에서 석유, 가솔린, 플라스틱에서 벗어나는 탈탄소화는 인류의 생존을 보장하기 위한 열망적인 목표이다. 그러나 동시에 매우 다른 종류의 탈탄소화가 등장하고 있는데, 어떤 이들에게는 탄소-기반인 우리 지성의 소멸을 불길하게 예고한다. 왜냐하면 이것이 우리의 기술문화에 전형적인 마이크로칩 위에 구축된 실리콘-기반 지능을 선호하기 때문이다. 벤저민 브래튼은 "우리는 동물지능과 식물지능에 관해 꽤 많이 안다고 생각한다". 그러나 "도시 규모의 인공지능은 대부분 광물지능이다. 금속, 실리카, 플라스틱 그리고 그것들에 전자기력으로 새겨진 정보가" 우리 미래 사회의 "물질적 기반을 형성한다".[36]

파르마콘 실리콘

글쓰기 매체를 성찰하면서 자크 데리다는 '파르마콘pharmakon' 개념에 관하여 광범위하게 언급하는데, 이후 이 개념은 일반적인 기술 철학의 출발점으로 활용되었다. 데리다에 따르면 글쓰기는 파르마콘이다. 즉, 약이면서 동시에 독이다. 따라서 새로운 모든 기술은 해방의 매체이자 새롭고 훨씬 더 포괄적인 구속의 위협이다.

파르마콘은 악마의 도구이다. 그것의 이중 효과는 특히 자원 실리콘에 적용된다. 한편으로는 디지털 혁명의 물질적 전제 조건 중 하나이자 이와 연관된 인간 해방의 약속이며, 다른 한편으로는 인간지능의 잠재적 대체물을 위한 매체이자 저장 물질이다.

탄소와 실리콘은 주기율표에서 같은 그룹에 속한다. 최외각 껍질에 4개의 활성전자를 가진 그것들의 4가 전자껍질은 다른 어느 그룹과 달리 다른 원소들과 결합할 수 있게 되어 있다. 따라서 일부 이론가들에 따르면 실리콘은 비록 금속이라도 살아 있는 물질처럼 행동할 수 있는 잠재력을 가지고 있다. 실리콘 **약물**Silicon Pharma. 뒤집은 횔덜린Hölderlin의 말. 구원이 있는 곳에서는 위험도 커진다.

바이오하이퍼미디어 그리고 기술과 인간의 해방

우리가 매사추세츠 공과대학교MIT의 최첨단 로봇 연구소들에서 나온 보고서들을 믿는다면, 실리콘 성분들 외에 유기조직 organic tissue도 최신 세대 로봇의 제조를 위해 수요가 점점 증가하고 있다. 그러한 조직이 실리콘이나 강철과 동등한 가치를 지니면서 미래 지능 행위자들의 구성요소가 되는 추세이다.

이는 개개 성분들의 용도가 새로운 맥락에서 변화한다는 것을 넘어, 무엇보다 기술과 인간 모두의 해방을 시사한다. 인간의 엄격한 한계와 정의들로부터의 해방은 물론 (포드주의 조립라인에서든 탈포드주의 자동화를 통해서든) 새로운 객체들을 지속적으로 생산해야 한다는 의무로부터의 해방이다. 미래의 기술은 직접 인체 위에서 펼쳐질 것이다. 바이오하이퍼미디어BioHyper-media(티지아나 테라노바Tiziana Terranova)*와 바이오세미오시스biose-miosis(벤저민 브래튼)**가 이에 해당하는 구호들이다. 기술과 인간은 각자의 잠재력의 '해방'에서조차 서로 얽혀 있는 것처럼 보인다.

---

* 옮긴이_ 하이퍼미디어는 텍스트, 그래픽, 음성, 동영상 등 형태가 다른 정보를 동시에 전달하고 표현하는 방법으로, 문자정보에서 음성이나 화상을 불러내거나, 화상에서 문자정보를 불러내는 것이 가능하다.

** 옮긴이_ 세미오시스는 언어를 포함한 다양한 양식의 기호를 생성, 해석하고 의미를 소통하는 활동, 행위 또는 과정이다. 기호는 기호 해석자에게 기호 자체가 아니라 의미를 전달하는 모든 것이다. 의미는 의도적일 수도 있고, 특정 질환의 증상과 같이 비의도적일 수도 있다. 기호는 시각, 청각, 촉각, 후각, 미각 등 모든 감각을 통해 소통할 수 있다.

2장
변화하는 시대

내가 맞는다면 우리가 무엇인지 그리고 다른 사람들은 무엇인지에 대한
우리의 생각 전체가 재구성되어야 한다.
이는 웃을 일이 아니며, 얼마나 오래 해야 하는지도 알 수 없다.

_그레고리 베이트슨(Gregory Bateson)

세대 간 정치와 느린 폭력

우리 종이 우리 앞에 놓인 과제들에 맞설 만큼 총명하지 않다는 의심이 우리를 괴롭히고 있다. 우리가 21세기 사회 전체가 직면한 문제들을 해결할 만큼 충분히 총명하지 않다는 말이다. 우선, 현재의 문제들을 글로벌 맥락과 분리하여 제기하려는 것은 무의미하다. 명백히 현시점에서는 그런 문제들은 거의 인식할 수도 없다. 그런데 이렇게 공간적인 도전을 마비시키는 것 외에도 훨씬 더 중요한 시간적 복잡성도 있을 수 있다. 예컨대 기하급수적으로 빠르게 진화하는 발전과 그 결과들을 지적으로 처리하는 것은 압도적으로 어려운데, 이는 그런 발전에 대응하는 장기전략을 개발하기 위한 첫 번째 전제조건일 것이다. 티머시 모턴Timothy Morton이 **초객체**hyperobject라고 부른 것, 즉 바로 현존하거나 동시대적이지 않고 기후 변화처럼 전체적인 파악이 불가능한 현상들은 새로운 초시간성hypertemporality에 따라 작동하거나, 아니면 어쨌든 우리와 우리의 시간 개념을 구조적으로 제압하는 시간성에 따라 작동한다.

우리는 고작해야 우리 눈앞에서 일어나는 구체적 사건들에만 반응하도록 문화적으로 미디어적으로 훈련되어 있으며, 극적인 관심의 임계치 아래에서 발생하거나 넘치는 미디어의 힘으로 우리를 공격하지 않는 모든 것에 면역이 있다. 이 모든 것에서 대체로 간과되고 잘못 이해되는 것은 롭 닉슨Rob Nixon이 묘사한 '느린 폭력slow violence'의 점점 더 우세해지는 형태들과 그것들에 특유한 시간성이다. "통상적으로 폭력은 시간적으로 즉각적이고 공간적으로 폭발적이거나 인상적인 사건이나 행동이며, 그래서 즉각적인 감각의 가시성으로 분출한다고 생각된다. 나는 우리가 다른 종류의 폭력에 개입할 필요가 있다고 믿는다. 즉, 인상적이지도 즉각적이지도 않고 오히려 서서히 증가하고 누적적이며 그것의 재앙적인 영향이 다양한 시간 규모에 걸쳐 발생하는 폭력이다."[1]

정치적 사고와 행동이 세대 안의 나르시시즘에서 벗어나 세대 간의 관점으로 전환하려면 기하급수적인 발전 논리에 대한 종–전체에 걸친 광범위한 훈련, 느린 폭력의 문제에 대한 집중 교육, 현재에 대한 집착에서 벗어나 탈-동시대의 결정 기준을 향해 자기의 길을 찾을 수 있는 지정학이 필요할 것이다.

"오늘날의 정치"는 "지정학만을 의미할 수 있다"[2]고 다니엘 팔프Daniel Falb는 말한다. 그리고 항상 단호한 의미에서 정치적인 것이 관련될 때, 즉 난민과 같이 이전에 들어본 적도 없고 비가시적인 새로운 정치 주체들을 다루는 경우, 여기에서도 쟁점이 되는 것은 새로운 주체들을 정치 영역에 통합하는 일이다. 기후, 동물, 해양, 그리고 지적인 기계와 같은 그 밖의 비인간 행위자들이 정치 논쟁의 적극적인 일원이 되어야 할 뿐만 아니라, 아직 존재하지 않는 주체들도 적극적으로 참여해야 한다. 바로 우리의 후손들이다.

미래는 예전 같지 않다

언어, 문법, 특히 정교한 시제 체계는 복잡한 시간 관계들을 표현하고 이해할 수 있게 해준다. 예를 들어, 아주 오랜 과거의 관점에서 과거를 미래로 생각하거나 미래를 곧 과거가 될 것으로 생각하는 것이 왜 결코 모순되지 않는지를 이해할 수 있다.

과거는 한때 미래였고 미래는 과거가 될 것이며 우리는 인간으로서 스스로를 현재에 위치시키는 데 익숙하다. 그러나 동시에 우리는 항상 이미 이 현재의 너머에 있다. 하이데거는 이 점에서 **현존재의 황홀한 시간성**ecstatic temporality of Dasein에 대해 말했는데, '다–자인Da-Sein'(문자 그대로 '거기에 있음')은 특정한 공간적 배치 그리고 무엇보다도 특정한 시간적 배치를 나타낸다. 아무도 그저 지금 여기에만 존재하는 게 아니다. 현재는 비동시적asynchronous*이다. 우리는 끊임없이 현재를 넘어서고 있

---

* **옮긴이**_ 같은 시대에 살아도 실은 여러 사회적 측면에서 서로 다른 시대에 산다고 할 수 있다.

다. 오늘날 복잡한 사회의 이런 탈-고정적인ec-static 차원이 기술적으로 탐구되고 있다. 복잡한 사회 안에서 기계들과 함께 있는 우리는 더 이상 단일 현재에 존재하지 않는다.

상황적 사고와 시간 범주들

분석 철학자 제바스티안 뢰들Sebastian Rödl은 더 이상 독단적이지 않되 비판적인 형이상학을 공식화하려고 노력하면서, 시간은 "사고가 대상을 갖게 되는 감각적 직관의 형식"으로 "사고의 일반 형식"은 "그것의 대상이 직관에 주어지는 사고의 통일성"[3]으로 개념화했다. 뢰들은 사고와 직관을 구분하거나 둘 사이의 어떤 연관도 근거 없는 형이상학적 사변이라고 의심하는 모든 (반)형이상학적 회의주의에 반대하면서, 진리에 대한 언급과 시간의식을 같은 인지 형식의 양면으로 이해한다. "시간이 사고에 대상을 제공하는 직관의 형식"[4]인 것처럼 직관-의존적인 사고는 시간 속에 존재하는 것과 관련된다.

뢰들이, 문제가 있는 오랜 형이상학의 전통에 따라, 인간의 사고와 행동을 동물과 신적인 사고와 행동 사이에 위치시키더라도, 문법적 시제의 구조에 관한 독창적인 논증을 통해 그렇게 한다. 인간의 사고는 상황적인 반면 동물의 행동은 항상 상황-반응적이며 무시간적timeless이다. '현존'은 오직 인간에 대해서만 시간적 의미를 획득하며, 오로지 우리가 언어로써 시간적 상황에 놓인 진술들을 하기 때문에 우리는 현재를 넘어 무시간적으로 참인 진술들을 공식화할 수 있다. 신성한 지성조차 근본적으로 시간의식이 없다. "동물이 지각하는 것은 시간 아래에 있고 신성한 지성이 직관하는 것은 시간 위에 있다. [···] 시간-의식은 인간을 규정하는, 감성sensibility과 이해understanding*의 통일이다."5

뢰들에 따르면 시제-논리적인 지성은 오직 시제-논리적 공식의 내용에만 관련되어 이로부터 자신을 자유롭게 할 수 없다. 그러나 인간은 시제-논리적인 지성과 달리 (근본적으로 비동시적인) 그들의 현재라는 관점에서 사고한다. 그러나 특히 문법적 시제들로 가능해진 이 상황적인 탈시간성extemorality, 즉 언어를 과거시제나 미래시제로 전환함으로써 우리를 현재에서 벗어나 다른 위치로 이동시키는 것이 실제로 우리를 모든 형태의 시제 논리에서 자유롭게 하지는 않는다. 귀스타브 기욤Gustave Guillaume에서 엘리자베스 라이스Elisabeth Leiss에 이르는 언어학자들이 보여주었듯이, 우리의 문법도 작동 시간을, 즉

---

* 옮긴이_ 감성은 시간의 흐름을 인지하고 경험하는 능력을, 이해는 그것을 이해하고 해석하는 인식 능력을 의미한다.

특정 시간이나 시간논리의 **시간창조**chronogenesis를 필요로 한다. 우리의 시제 체계에 의해 시간창조적으로 생성된 과거, 현재, 미래라는 시간 모형은 순서적인 시간-논리적chrono-logical 모형이다. 우리 종도 연대기chronology라 불리는 시제 논리를 마음대로 사용한다.

시간복합체에서 살아가기

시대가 변한다times change는 인상이 어디에나 있다. 그런데 여기에서 '시간time' 자체는 대체로 '그 안에서' 변하는 사건이나 사회적 조건들을 담는 준중성quasineutral* 용기로 '생각'된다. 종종 경솔하게 던져지는 이 진부한 말을 특별히 21세기에는 진지하게 받아들일 만하다. 변화는 제 시간에 일어난다고 단언하고 나서 가속화된 변화의 속도를 반사적으로 한탄하기보다, 우리가 사실상 다른 시대에 살고 있다는 생각으로 마음을 달래는 것이 도움이 될 수 있다. 그런데 만약 시간 자체가 변했다면?

우리는 직선적인 시간 개념으로 방향을 잡는 데 익숙하다. 기본적으로 순서적인 시간-논리적 가정은 시간이란 과거에서

---

* **옮긴이_** 준중성이란 두 양극성 물질의 밀도가 비슷한 상태를 의미한다.

시작되어, 원컨대 항상 새로운 사건들을 동반하면서, 현재를 통해 미래 방향으로 흐른다는 것이다. 그러나 복잡한 사회에서는 시간이 거꾸로 미래로부터 흐른다고 가정하는 것도 마찬가지로 그럴듯하거나 훨씬 더 그럴듯할 수 있다. 우리 사회와 같은 복잡한 사회구성체는 자동화, 로봇화, 알고리즘화가 점점 더 그 특징이 되는 기술 인프라스트럭처로 구별된다. 이에 수반되는 인간 우위의 상실은 현재에 닻 내린 우리의 정박이 느슨해지거나 상실되는 것과 관련된다.

순수하게 생물학적인 수준에서조차 우리의 사고, 지각, 감정은 처음에는 우리를 현재에 정박시키고 우리는 이로부터 행동을 취하는데, 현재는 복잡한 기술 인프라스트럭처에서 스스로를 주장할 힘이 그 어느 때보다 적다. 따라서 근본적인 시간 변화에 대한 가설은 우리가 새로운 시간, 새로운 기술시간복합체a new technological time complex에 살고 있다는 것이다.

A-T-M 복합체 또는 시간의 진화

다양한 언어학 분야에서의 경험적 증거는 이제 문법 범주들의 관계발달이론으로 수렴되고 있다. 이 이론은 먼저 상(A)aspect의 범주가 발달하고, 그 다음에 시제(T)tense의 범주, 마지막으로 서법mood 또는 양태(M)modality의 범주가 발달한다는 이론이다.* 문법 범주들은 이렇게 출현하고 진화하며 그에 따라 '나이'가 들 수 있다. 그래서 언어의 역사라는 측면에서 보면, 상(A)의 범주는 시제(T) 범주로 발전하고, 이는 나아가 서법(M)의 범주로 진화한다. (예를 들어, 미완료 상은 미완료 과거시제로 진화하고, 이로부터 비현실적 서법**이 유래한다.)

A-T-M 복합체 이론은 시제체계가 고도로 발달한 언어가 상(A)만 있는 언어보다 진화적 지위가 더 높다거나, 다른 언어의 화자가 마음대로 표현할 수 없는 양태들을 가정법으로 표현할 수 있다는 것을 의미하지 않는다. 시간적 관계와 양태적 관계들 모두 이미 통용되는 문법구조들을 사용하여 언어로 이해하며 소통할 수 있다. 그보다 상(A), 시제(T), 양태(M)의 복합체 관계가 주는 교훈은 시제에도 상의 차원이 있다는 것, 그리고(will/would, shall/should처럼) 미래시제와 가정법의 유사성에서 볼 수 있듯이 서법은 시제에서 진화한다는 것이다.

---

* 옮긴이_ 상은 진행이나 완료처럼 화자가 사태의 시간적 구조를 보는 관점과 관련되며, 시제는 일정한 시점을 기준으로 사태의 시간적 위치와 관련된다. 서법은 현실적인 직설법, 비현실적인 가정법이나 명령법처럼 말의 의도를 표현하는 방식과 관련된다. 양태는 가능, 추측, 의지 등 어떤 사실에 대한 화자의 다양한 의견이나 태도와 관련된다.

** 옮긴이_ 예를 들어, 내가 서울에 '갈 때', '간 때', '간다면'은 각각 미완료 상, 과거시제, 비현실적 서법이다.

모든 서법은 시간적이다. 시간과 상관없다고는 생각조차 할 수 없다. 오직 시제만이 서법을 성립시킬 수 있다. 그 반대는 아니다. 서법과 마찬가지로 가능성, 가상성, 궁극적으로 변화는 모두 시간에 기초한다. 그 때문에 시간이나 시간에 대한 우리 이해를 좁히는 것은 우리의 행동 가능성을 축소하는 것도 의미한다. 새로운 것은 물론 시간 자체도 이미 과거에 제시되었던 것의 실현으로 축소될 수 없다. 그보다 시간은 (과거의) 시간에 존재하지 않았던 가상성virtuality을 출현하게 한다. 우리는 시제(T)를 양태(M)의 관점에서 이해해야만 한다. 우리는 미래를 (이미 결정된 것이 아니라) 우발적인 것으로 다시 생각해야만 한다.

과거는 정말 완전히 지나갔을까?

강의 후 이어지는 토론에서 사회자는 그를 포함한 진보사상가들이 이미 지나갔다고 여기는 특정 현상들이 또 다시 현재에 나타나고 있다는 우려를 표명한다. "우리는 그런 일이 과거에 있었다고was 생각했다"고 말하는데, 이는 그가 이런 현상들이 과거에 있기를are 바란다는 것을 의미한다.

좌익이나 진보적인 관점에서 그러나 지금 문법적 시제의 측면에서 보다 엄밀하고 명료하게 표현해 보면, 과거는 과거이

곤 했거나 적어도 과거였다고 보였다는 것이 오늘날 위험이자 새로운 통찰이다. 우리는 과거 사건들이 과거에 남아 있기를 바란다. 즉, 과거는 과거이기를be 바란다. 이는 우리가 아주 최근까지 그렇게 생각했던 것이다. 그렇지만 오늘날 우리는 과거는 과거였는데was 불행하게도 그것이 또 다시 현재에 있는is 것을 본다. 심지어 이 과거가 미래가 될 수 있으며, 미래일 수도 있다는 두려움마저 든다.

선조적 과거

퀑탱 메이야수는 우리의 사고와는 물론 인류의 시간 전체와도 완전히 단절된 절대적 과거에 대한 매혹적인 사변을 제공한다. 그가 선조적ancestral 과거라고 부르는 개념은 어떤 화석들의 발견에 비추어 떠올랐는데, 측지학적 계산으로는 수십억 년 이전으로 생각하는 어떤 실체는 말할 것도 없고 지각하는 어떤 실체보다 훨씬 이전에 존재했던 화석들이다. 이들은 원-화석들arche-fossils,로서 우리가 마주치는 수많은 객체들과 달리 주체와 어떤 상관관계도 없이 존재했다. (이와 대조적으로 이전의 모든 철학은 상관주의적correlationist이라고 메이야수는 지적한다. 다시 말해, 객체는 오직 주체와 관련해서만 생각될 수 있다.) 이들이 주체와 어떤 상관관계도 없이 존재했음에도 불구하고 방사성 붕괴의 속도와 이러한 물리적 가설들에 대한 메이야수의 사변적 재고 덕분에, 우리는 우리에 대하여for us 결코 없었고, 지금도 없거나 없던, 앞으로도 결코 없을 이 과거에 대해 알고 있다. 이렇게 우리는 주관적이거나 객관적인 우리 인간의 과거와 대조적으로 (그런 과거가 있었다고 가정한다면), 결코 우리에 대해 현존하지 않으며 인간의 과거 자체에도 현존한 적이 없는 과거에 대해 알고 있다.

그러나 그렇다면 우리는 도대체 어떤 정당성을 가지고 **원초적**original 과거에 대해 말할 수 있을까? 선조적 과거는 단지 우리에 대해서만 과거이다. 즉, 우리에 의해 우리에 대해 재구성되어진 과거이다. 선조성ancestrality 그 자체는 과거도 현재도 아니다. 즉자적으로도 대자적으로도 현존하지 않으며 다른 누구에 대하여 현존하지도 않는다. 그럼에도 불구하고 이 사변은 우리를 매료시키며, 우리가 살고 있는 비동시적 현재에 대하여 그리고 이와 연결된 미래에 대하여 무언가를 말해준다.

우리는 어째서 결코 미래를 볼 수 없을 것인가

거의 30년 전에 브뤼노 라투르는 『우리는 결코 근대인이었던 적이 없다We Have Never Been Modern』라는 제목의 책을 썼다. 보다 최근에는 이에 더 놀라운 관찰을 추가했다. "근대인들에 대해 흔히 말해지는 것과 달리 그들은 **앞을 향해 보는** 존재들이 아니라 거의 전적으로 **뒤를 향해** 보며, 신기하게도 **공중에 떠있는** 존재들이다. […] 그들은 뒤통수에 눈이 없기 때문에 그들을 향해 오고 있는 [것]을 전적으로 **부인한다.** 마치 옛날의 공포에서 달아나기에 너무 바쁜 것처럼 보인다. 미래에 대한 그들의 비전이 그들이 향하고 있는 방향에 눈멀게 하는 것 같아 보인다. 아니 오히려 그들이 '미래'로 의미하는 것은 '다가올 것들'에 대한 어떤 실재적인 내용도 없이 전적으로 그들의 과거에 대한 거부로 이루어진 것처럼 보인다."6

이 평가는 근대인으로서의 우리와는 물론 우리 자신에 대한 우리의 시간 개념과도 상충한다. 어린 시절부터 우리는 현재로부터 미래를 들여다보는 법을 배우거나, (더 나은) 미래를 위해 현재를 외면하는 법을 배운다. 다시 말해, 미래의 현재를 위해 여기와 지금을 희생하면서 타협하는 법을 배운다. 프로이트가 진단했듯이 쾌락원리에서 현실원리로의 전이는, 부르주아 현실원리가 유일하게 신뢰할 만한 쾌락 제공의 원리라는 암시의 눈짓과 더불어 이런 시간지연 개념을 숙달하는 것 외에는 아무 것도 의미하지 않는다. **메타심리학**(프로이트는 이를 자신의 사변적 소풍이라 불렀다)에 거의 관심이 없는 경험주의자들조차, 소위 '마시멜로 실험marshmallow test'은 계통 및 개체 발생적으로

힘들게 획득한 만족지연능력이 우리를 더 높은 인지적 존재로 만든다는 것을 입증한다고 인정한다. 마시멜로 실험은 앞에 놓인 마시멜로를 즉각 먹지 않고 참은 어린이에게 약속한 두 번째 마시멜로를 보상으로 주는 실험이다. 미치오 카쿠Michio Kaku가 설명하듯이, "만족지연능력은 더 높은 수준의 인식과 의식도 가리킨다. 이런 아이들은 미래를 모의실험 할 수 있었고 미래의 보상이 더 크다는 것을 깨달을 수 있었다. 이와 같이 행동의 미래 결과를 볼 수 있는 능력은 더 높은 수준의 인식을 요구한다".7 이처럼 현재와 미래를 상호적으로 고려하는 것은 특정 개인들뿐만 아니라 우리 종 전체의 구별적 특징으로 보인다. 이런 데도 우리 근대인들이 미래를 들여다보지 않는다고 비난하는가?

미래의 구글나우Google Now

시간은 돈이다. 이 말은 돈에 열심인 근대의 모토이다. 적시생산과 적시배송은 수요에 즉각적이고 배타적으로 반응하는 산업적 근대성의 꿈을 대변한다. 금융투기 산업의 경우처럼 물건이나 상품 생산이 더 이상 관련되지 않는 곳에서, 고빈도 거래자들은 최소한의 시간 이점에 수십억 달러를 지출한다. 이는 고속 광섬유 케이블 연결로 가능해진 몇 밀리 초의 우위이다. 그래서 새로운 디지털 경제를 전형적으로 보여주는 회사가 그 회사의 가장 진보한 애플리케이션 중 하나인 구글나우Google Now라는 바로 그 칭호 안에 그 어느 때보다 더 짧은 현재에 대한 이 집착을 확고히 하지 않았는가? (구글나우는 이후 더 광범위한 구글Google 앱에 통합되었다.)

구글은 애드센스AdSense 프로그램과 그에 딸린 알고리즘을 통해, 에드 핀이 "동시대를 상품화하기commoditizing the contemporary"라고 적절하게 언급한 것을 성취했다. 목표는 과거에 우리에게서 얻은 (관심사와 선호도와 위치 등의) 데이터를 사용하여 지금 여기의 우리에게 가능한 한 가장 정확하고 유망한 광고를 제시하는 것이다. 그러나 그 지금the now에 대한 이 초점 뒤에 서 있는 것은 더 이상 현재가 아니라 매우 가까운 미래로서, 제임스 발라드J. G. Ballard가 한 때 『다음 5분 동안의 공상과학소설science fiction for the next five minutes』로 홍보했던 것의 변조된 버전이다. 구글나우는 "그것의 사용자들에게 현재만이 아니라 가까운 미래의 시간들까지 체계화한다고 약속한다. 그것은 공공 데이터와 개인 데이터를 중재하는 친밀한 개인 알림 체계를 만들면서, 교통상황을 고려하여 다음 만남을 위해 언제 나설 것인지를 제안할 것이다."8

핀의 책 제목을 따라 "알고리즘들이 원하는 것은 무엇인가"

라고 묻는다면 대답은 다름 아닌 구글이 우리의 은밀한 욕망이라고 가정하는 것, 즉 우리가 마침내 지금 여기에서 현재에 대해 끊임없이 결정할 필요가 없도록 우리를 도와주는 것이다. 이후 알고리즘은 "예측에서 결정으로 가는, 모델링에서 문화구조의 구축으로 가는 문턱을 넘었다".[9]

그것은 예측에서 구속으로 가는 작은 단계에 불과하다. 즉 구글나우(그래서 언제나?)의 말을 빌리자면 "정확한 정보를 적시에. 하루 종일 필요한 정보를 묻기도 전에 바로 확인".

파생상품 우위와 미래를 제압하기

미래가, 더 구체적으로는 미래에 대한 새로운 모형이, 마침내 현재를 제압한 것처럼 보일 수 있다. 우리는 이에 대한 분명한 징후들을 국내와 국제 수준에서는 물론 글로벌 금융시장 수준을 망라하여, 금융계에서 그리고 거시경제적 의사결정 과정에서 목격한다.

이에 대한 한 가지 인상적인 예는 다양한 금융 평가기관으로 그들의 권한은 아무리 강조해도 지나치지 않다. 그들은 민간 기업들은 물론 그들에게 자금을 대는 은행들과 심지어 전체 국가들과 국가 경제까지 평가한다. (반면 이렇게 불투명하고 비민주적이며 가장 최근의 금융 위기 동안 분명해진 이 부패한 금융 평가기관들 자체를 평가하는 자는 없다.) 기업의 미래 발전에 대한 또는 경제 부문이나 국가 경제의 미래 전망에 대한 긍정적 평가들은 **사실상** 현실에 막대한 영향을 준다. 이 영향은 미래로부터 현재로 거꾸로 투영된다는 점에서 준소급적이다. 게다가 실제로 부정적 평가들은 투자 자본의 비용을 증가시키며 직접적인 결과가 바로 이런 부정적 평가들을 확증하는 역할을 하는데, 그로 인해 자신들의 '과학성'이 확증되었다고 여긴다.

우리는 이런 종류의 소급적 수행을 파생상품 거래에서도 마주한다. 엘리 에이야크Elie Ayache는 파생상품 거래를 "미래의 기술"이라 불렀다. 현재 다양한 주식시장에서 두드러진 파생상품 계약의 규모만 해도 '실물' 경제의 규모를 몇 배 이상 초과한다. 그런데 파생상품의 진정한 중요성은 그것의 시간 생성적인 힘에 있다. 이 힘은 미래의 가능성들을 현재에서 거래하고 협상할 수 있게 함으로써 비-연대기적인 시간의 형식을 확립할 수 있다. 어떤 미래의 현재가 발생하든 상관없이, 파생상품 거래는 언제나 그것의 참을 현재의 미래에서 즉, 현재에서 가정된 미래에서 도출한다. 간단히 말하면: 내일에 대한 오늘의 가정들이 미래와 현재를 모두 제압한다. 왜냐하면 파생상품 계약이 체결될 때마다 가격 설정에 대한 가정들이 자동적으로 참이 되기 때문이다.

그러한 계약들의 수행력은 비상호성이라는 위태로운 형식에 근거한다. 보통의 계약 경우에는 일반적으로 양쪽 당사자 모두가 그 계약을 준수할 것이 요구되지만, 투기적인 금융 베팅의 경우에는 꼭 그렇지 않다. 신용부도스왑* 등등 지난 금융위기에 책임 있는 파생상품 계약 유형들은 그것의 핵심에서 이 계약 논리를 허물고 있다. 아르준 아파두라이Arjun Appadurai가 설명하듯이, "파생상품 계약을 (형식상 수행적인) 일종의 약속이라는 관점에서 본다면, 신용부도스왑credit default swap은 사실상 약속을 한 두 당사자 중 한 쪽이 그 약속을 깰 것이라는 확신에 대한 투기적 베팅이다".[10] 그렇다면 미래에서 현재의 파생상품 관리로, 즉 이렇게 강제적인 현재의 미래와 미래의 현재의 동일시로 모든 일이 다 순조롭게 진행되지는 않는다는 게 놀랍지 않다.

---

* **옮긴이**_ 신용부도스왑은 신용과 부도 및 파산을 교환한다는 의미로서, 기업이나 국가의 파산 위험 자체를 사고 팔 수 있도록 만든 파생금융상품이다. 거래 당사자 중 한 쪽이 상대방에게 수수료를 주는 대신, 특정 기업이나 국가가 부도 나거나 채무가 불이행될 경우 상대방으로부터 보상을 받도록 설계되어 있는 일종의 보험이다.

예측-예방-선제

이제 (미래를 통제하려고 했던) 유서 깊은 통제 형식들과 우리가 현재에 그리고 미래로부터 마주하는 통제 형식들을 구별해야 할 때가 되었다. 질문은 "control of the future"를 문법적으로 **주격 속격**으로 볼 것인지 아니면 **목적격** 속격으로 볼 것인지로 제시될 수 있다: 즉, 우리가 미래를 통제할 것인가 아니면 미래가 우리를 통제할 것인가.

예로부터 우리는 무엇이 일어날지를 예언한다는 **예측**prediction 개념에 익숙하다. 이는 적응해야만 하는 미래에 관해 현재로부터 바라보는 기본적으로 중립적인 견해이다. **예방**prevention은 보다 명확하게 확정적이며 동시에 더 부정적이다. 여기에는 부정적 평가와 앞으로 다가올 것을 피하려는 의지가 밀접하게 연관되어 있다. 미래에 나쁜 일이 일어날까 봐 두렵다면, 그것을 바꾸거나 애초에 그런 일이 일어나지 않도록 해야만 한다.

선제preemption는 부정적 예언의 예방적인 회피와 정반대이다. 그럼에도 둘은 종종 혼동되는데, 선제는 별개의 시간 논리를 따른다. 흔히 간과되는 이 작은 차이점은 가장 잘 알려진 선제의 형식이며 일반 의식general consciousness*에 처음 등장한 것과

———

* **옮긴이**_ 정치기관, 국가 차원의 의식

관련하여 확인할 수 있다. 조지 W. 부시George W. Bush 행정부가 처음부터 비정상 상태로 격상시키고 수행한 **선제전쟁**은 예방이라는 공식적 수사와 달리, 평화가 아니라, 오히려 예방적으로 피하겠다고 약속한 예언적 상황으로 이어졌다. 즉, 정신분석학에 관한 칼 크라우스Karl Kraus의 인용문을 수정해서 말해본다면: "테러와의 전쟁"은 스스로를 치료제로 여기는 정치적 질병이다.

예방적 폭력에서 선제적 치안까지

최초의 국가나 정치 공동체의 기원을 규정하려는 수많은 시도가 있었다. 그런데 한 가지 설명이 눈에 띈다. 원래 정치구조들은 폭력의 행사와 이에 따른 폭력의 제어를 상위기관으로 이전하는 것이 우선은 합리적으로 보였던 순간에 등장했다. 근대성과 관련하여 이것은 국가가 폭력에 대한 독점권을 소유한다는 것을 의미한다. 국가만이 폭력을 행사해도 괜찮다는 것, 정확하게 이것은 국가가 (그리고 국가에 의해 평온해진 사회가) 폭력의 발생을 일반적으로 예방하도록 또는 제대로 기능하는 사회에서는 잠재적으로 제거하는 것까지 허용한다는 것이다. 이러한 국가의 폭력 독점은 예방의 시간 모형에 부합하며, 폭력을 행사하기로 예정된 독립체들을 국내의 경찰과 해외의 군대로 분리하는 것 또한 민주적 질서의 특징이다. 그래서 폭력의 감소와 궁극적으로 민주주의에서의 권력분립은 경찰의 억제력이 아니라 예방의 모형에 달려 있다는 것이다.

최근 몇 년간의 선제적인 드론 전쟁들은 민주주의 사회를 구성하는 행정부, 입법부, 사법부의 권력분립을 위협하고 있다. 여러 번의 권력 이동은, 분리되어 있지만 상호 협력하는 헌법 체계의 늘-취약한 구조가 지닌 자연스럽고 섬세한 균형을 무너뜨렸다. 우선, 선제적인 드론 공격에서 목표물은 항상 이미 유죄이고 사형 선고를 받는다. (이는 다소 중세의 마녀재판을 연상시킨다.) 일반적으로 이 공격은 초기에는 도덕적 용어들로 '정당화'되며 기껏해야 사후에 잠정적인 법적 정당성이 주어진다. 우리는 지금 정치 논리를 다루는 게 아니다. 사법적 제한들을 준수하지도 않고 준수할 리도 없으며 (폭력 독점의 논리 안에서 그것에게 의도된 의무의 범위라는) 원래의 소관에 국한되지도 않는 다소 무제한적인 경찰 논리를 다루고 있다.

증가하고 있는 경찰의 병참적이며 기술적인 군사화(즉, 미국의 경우처럼 계속 증가하는 군사작전을 통해 풍부하게 입수 가능한 무기류가 때로는 기괴하게 배치되는 것)보다 훨씬 더 위협적인 두 번째의 경계 위반과 확산이 있다. 우리는 정치적으로 재앙적인, 예방의 시간 논리를 엄격히 따르는 정치의 점진적 '경찰화policialization'에 대한 동시대의 목격자들이다. 그레구아르 샤마유Grégoire Chamayou가 말하듯, 군사 조직들이 이제 "국내 프레임워크 안에서 통상적으로는 경찰에게 부여되는 임무들을 맡고 있다: 즉, 치안의 초국적화로 불릴 수 있는 상황에서 용의자의 식별, 추적, 위치 파악 및 체포(그러나 실제로는 물리적 제거)".11 "대반란전counterinsurgency은 본질적으로 정치-군사적이지만, 반테러antiterrorism는 근본적으로 치안 및 보안과 관련된다."12

대안으로서의 파악

파악prehension 개념에 대한 우리의 성찰은 현대 사변철학의 선조 중 한 명인 알프레드 노스 화이트헤드에게 빚지고 있다. 이 개념은 미래와 현재 모두를 '선제적으로' 미리 결정하는 지금의 경향에 대한 정치적 대안도 제공한다. 일상 언어에서 '파악'은 움켜쥐는 행위를 뜻한다. 화이트헤드의 경우에는 더 나아가 존재자들이 일반적으로 서로를 향해 어떻게 행동하는지 그리고 유입되는 정보가 어떻게 수신되고 변환되는지를 나타낸다. 루치아나 파리시는 화이트헤드의 개념을 계산computation*

---

* **옮긴이**_ 주어진 입력으로부터 문제의 해법을 찾는 것.

영역에 적용한 그녀의 저서 『전염성 아키텍쳐Contagious Architecture』에서 이 점을 지적한다. "실제 상황에서 알고리즘들은 자신이 스크립트되는 형식체계와 자신이 검색한 외부 데이터 입력들도 파악한다. 그럼에도 불구하고 이런 파악 활동은 단지 파악된 것의 재생reproduction에만 그치지 않는다. 도리어 이는 전염contagion으로 설명될 수 있다. 왜냐하면 데이터를 파악한다는 것은, 자신들이 종합하려고 하는 무한한 종류의 수량에 규칙들이 내재하고 있는 방식에 의해 규정되는, 비가역적 변환을 겪는 것이기 때문이다. 이는, 규칙들은 이러한 무한한 수량을 바꿀 수 없다는 것, 오히려 이 무한한 수량이 규칙들을 새롭게 결정하고 이로써 새로운 규칙들을 생성할 수 있다는 것을 의미한다."[13] 지금 우리는 파리시의 사변적 용어로 우위에서의 **부분전체론적**mereological 변화라 부를 수 있는 것을 다루고 있다. 이 경우는 부분들이 '그것들의' 전체보다 더 커지거나 더 중요해질 때, 데이터와 파라미터들의 양적 증가가 질적 변화로 이어질 때이다: 즉, 데이터가 우위가 되어 그것의 프로그래밍을 지배하는 경우이다. 파라메트릭 아키텍쳐parametric architecture*에 비판적인 파리시의 논쟁을 고려할 때

———————

* 옮긴이_ 파라메트릭 아키텍처는 알고리즘과 컴퓨터 소프트웨어를 사용하여 디자

우리는 여기서 '메레오토폴로지mereotopology'*에 대해서도 말할 수 있다.

이 사변적 가설은 능동적인 프로그램과 수동적인 데이터라는 평소 관계의 역전, 즉 프로그램이 데이터를 규제하거나 결정한다는 가정의 역전을 목표로 한다. 데이터가 (연역적 선취의 경우처럼) '그들의' 알고리즘에 의해 제어되는 것이 아니라 그것을 귀추적으로 변형시킨다면? 이렇게 이해된 계산은 반사적 과정**이 아니라 재귀적 과정일 것이며, 그래서 우리는 비판적이거나 반사적인 절차를 다루는 것이 아니다. "수numbers를 사용하여 미래를 예측하는 것이 아니라 알고리즘의 파악을 따라 현재를 결정하는 것에 관심 있는, 사변적 이성의 한 사례를 다루고 있을 것이다. 따라서 알고리즘 아키텍처는, 이러한 계산이 무한한 데이터의 파악을 통해 현재를 구축하는 방법의 한 사례에 불과하다. 이와 같이 알고리즘 아키텍처는 이성, 논리,

---

인 과정을 자동화하고 입력 매개변수를 사용하여 변형 가능한 디자인 옵션들을 탐색한다.

* **옮긴이**_ 메레오토폴로지는 'mereology(부분-전체론)'와 'topology(위상학)'의 결합으로서, 부분과 전체 간의 관계에 중점을 두며 이들 간의 연결, 겹침, 분리 등의 상대적 위치와 관계를 다루면서 전체의 구조를 이해하려고 한다.

** **옮긴이**_ 반사적 과정에서 데이터는 즉각적으로 처리된다. 재귀적 과정에서는 데이터가 재참조되며 그에 맞추어 알고리즘이 조종될 수 있다.

셈을 계산불가능한 것의 힘에 노출시키는 사변적 계산의 한 경우이다."14

보편적 공리들과 예측 불가능한 데이터가 교차하는 지점에서, 파악은 새로운 시간성을 일깨운다. 그래서 파악이 내놓는 예측불가능성도 미래의 지평을 다시 여는데, 이는 예방, 예측, 선제 모두를 갖가지 방식들로 제한하거나 심지어 완전히 사라지게 한다. 그 다음에 새로운 시간복합체에 대한 진보적인 접근은 그것의 독특한 현재 논리에 이질적이며 타자적인 것이 성공적으로 통합될 수 있을지를 묻는 질문과 연결될 수 있으며, 그 이름에 걸맞은 미래는 또 어떤 모습일지를 묻는 질문과도 연결될 수 있다. 진보적이란, 문자 그대로의 의미에서, 미래로부터 과거의 방향으로 거꾸로 오는 시간의 확장일 것이다. 언젠가 메이야수가 말했듯이 과거는 예측할 수 없다Le passé est impré-visible: 과거는 예측불가능하며 현재 만큼이나 원형적이다. 시간, 한 시대는 오직 그것이 더 풍부하고, 더 많고, 더욱 우발적인 기원들을 허용할 때만 진보적이다.

하이퍼스티션의 유령

우리는 자본주의 글로벌 네트워크 안에서 문화와 정치 발전의 논리를 개념화하고 탐색하는 데 도움이 될 관념들을 찾고 있다. 하나의 후보는 하이퍼스티션hyperstition*이라는 개념이다. 이는 '과대홍보hype'와 '미신superstition'의 합성어로서 미래로부터 스스로를 실현하는 허구를 뜻하는 용어이다.

하이퍼스티션은 우리 현재의 기원들을 미래에 두고, 이 새로운 시간성에 대한 진보적 접근이 가능할지 그리고 이것이 어떤 모습일지를 묻는다. 여기서 우리는 무엇보다도 우익과 좌익, 공포감을 조성하는 반동적인 하이퍼스티션과 진보적이고 해방적인 하이퍼스티션을 구분해야만 한다. 진보적이고 해방적인 하이퍼스티션은 가능한 한 다르고 더 나은 미래를 지향하는 것을 결코 멈추지 않은 소수집단들이 오랫동안 사용해 온 기술 중 하나였다. 이러한 사례에는 진보적인 종족 미래주의, 걸프 미래주의, 중국- 또는 상하이 미래주의, 그리고 특히 최근 수십 년 동안 음악, 예술 및 대중문화에서 일어난 다양한 아프리카 미래주의 물결들이 있다. 요컨대 선 라Sun Ra가 말했다. 미래의 빛이 내일의 그림자를 드리운다. … 가능성은 시도되었지만 실패했다. 이제는 불가능을 시도할 때.

---

* **옮긴이_** 하이퍼스티션은 허구가 개인의 통제를 넘는 확산을 통해 허구의 바깥으로 나와 스스로 현실이 되는, 자기충족적 예언을 설명하는 데 사용되는 용어이다.

진리

대안적 사고

우리는 마치 문화적으로 주입된 반사적인 사고에 어떤 대안도 없는 것처럼, 사고와 성찰을 동일시하는 데 익숙하다. 그런 반사적이고 따라서 거울-같은 사고는, 암묵적이든 명시적이든 의식적이든 무의식적이든, 자신을 자기의 대상과 (대상적) 상대물의 현재에 위치시키기 위해 시종일관 애쓴다. 사실상 이 과정은 반-작용으로서 당연히 항상 역행적으로 진행된다.

반면에 새로운 것을 사고한다는 것은 항상 재귀적 패턴을 따른다. 부분들이 서로 결합하여 새로운 전체를 형성하는 재귀적 과정에서는 하나로 통합되는 전체와 통합된 부분들이 모두 변한다. 그리고 이러한 앎의 대상의 변화는, 인식 이전에 존재하지도 않았고 인식과 동시에 진행되지도 않았기에, 분별하는 (또는 탐구하는, 예술적) 주체의 변형을 필연적으로 유도한다.

이것은 이러한 재귀성을 자각하고 이를 활용하거나 심지어 강화하려는, 미래에 대한 사고 또는 미래로부터의 사고에도 적용된다. 우리는 지금 새로운 요소와 부분들을 하나의 다른 전체로 끊임없이 조립하고 있는, 반사적이기보다는 재귀적인, 사변적 사고의 한 형태를 다루고 있다. 특히 정치적인 이유에서 이는 외재적 사고와 반사적 사고의 대상 대신에, 관여적인, 참여적인, 재귀적인 사고를 요구한다.

세상을 그 핵심에서 함께 묶는 것: 큰 전망

재귀recursion는, 언어학자들에 따르면, 모든 언어에 속하는 보편적 요소로 유일하게 남은 후보이다. 형태론적으로나(go-going-gone) 의미론적으로(go under-undergo) 그리고 무엇보다 통사론적으로(We must-We must be going-We must be going crazy), 이전 것과 추가된 것의 의미를 모두 변화시키는 새로운 부분들을 지속적으로 추가함으로써 무한하게 많은 의미가 소리, 단어, 규칙들의 제한된 풀로부터 생성될 수 있다. 온갖 단어, 온갖 절 또는 삽입어구로써 새로운 전체와 이에 따른 새로운 의미가 무한하게 끝도 없고 끝날 필요도 없이 생산된다. … 이처럼 재귀는 끊임없이 변하는 전체에 부분들을 더하여 새로운 의미를 생성하는 보편적 연산자이다.

수정된 선택성으로서의 재귀는 고도로 발달된 언어들의 수준에서뿐만 아니라 우리 생물학의 근본적인 수준에서도 일어난다. 테렌스 디콘Terrence W. Deacon이 그의 저서『불완전한 자연: 마음은 물질에서 어떻게 출현했는가Incomplete Nature: How Mind Emerged from Matter』에서 서술하듯이, "유기체는 제작되거나 조립되지 않는다. 그것들은 덜 분화된 이전의 전구체로부터 분열 및 분화과정인 세포증식에 의해 성장한다. 발달과 계통발생 모두에서 전체는 부분보다 앞선다. 통합은 내재적이며 설계는 자발적으로 발생한다. 기계 은유는 오해의 소지가 있는 지나친 단순화이다".15

기계와 다른 이 차이는 재귀적 연산의 또 다른 수준, 즉 우리의 뇌에서도 볼 수 있다. 우리 뇌의 신경망들은 복잡한 신경다발들이 새로운 신경 경로를 생성하기 위해 새로운 방식으로 끊임없이 다시 연결된다는 점에서 컴퓨터 시스템의 프로세서 아키텍처와는 다르다. 이론 물리학자이자 끈이론가인 미치오 카쿠Michio Kaku의 말에 따르면 "신경망은 디지털 컴퓨터의 아키텍처와는 완전히 다른 아키텍처를 가지고 있다. 디지털 컴퓨터는 중앙 프로세서에서 단 하나의 트랜지스터만 제거해도 고장이 난다. 그러나 인간의 뇌는 큰 덩어리를 제거해도 다른 부분들이 빠진 부분을 대신하면서 여전히 기능할 수 있다".16 우리는 여기서 다시 재귀적 구조의 유연성을 본다. 이 유연성이 결국은 우리의 자아도 책임지며, R. 스콧 바커R. Scott Bakker가 "재귀적 정보 통합 시스템"이라 부르는 것으로서 "우리는 그것의 독특한 구조적 특성들을 1인칭 관점과 연관 짓는다".[17]

그러므로 우리의 생물학과 우리의 두뇌 이외에 사회구조들 또한 재귀적 패턴에 따라 구성된다는 것이 놀랍지 않다. 제임스 트래퍼드James Trafford의 설명에 따르면, "상호작용이 규범을 발생시키는 경우는, 관련된 상호작용 활동이 특정 행동의 기본 패턴들에 재귀적으로 작용하여 특정 행동 패턴들을 사회적 관행으로 수용할 수 있거나 없는 것으로 강화할 때이다. 이는 행동 패턴들 간의 상호작용을 통해 생성되는 재귀적인 되먹임 고리의 관점에서 이해될 수 있으며, 차별적인 반응 메커니즘들을 통해 행동 패턴을 생성하는 메커니즘들도 마찬가지다".[18]

마지막으로, 부분과 전체와의 재귀적 관계들은 지구상의 생명체를 가능하게 할 뿐만 아니라 제임스 러브록James Lovelock이 다소 오해의 소지가 있게 가이아Gaia라고 부른 전체론적인 지구적 맥락도 가능하게 한다. "가이아의 맥락에서 진화는 다윈의 진화에는 없는 방식으로 물질 환경을 끌어들인다. 간단히 말해, 어떤 유기체의 진화가 뒤따른 진화에 영향을 주는 식으로 물질 환경을 변화시킨다면 두 과정은 단단히 짝지어진다."[19]

우리 지구는 그저 잘 조성된 지각과 약간의 물과 공기로 둘러싸인, 주로 액체 상태인 암석 덩어리가 아니다. 오히려 생명은 항상 끊임없는 재귀적 영향들의 통합적인 응집성이었고, 대기에 있는 이산화탄소의 양과 바다의 염분 함량을 (공동으로) 책임져왔다.

이런 이유로 러브록, 라투르, 도나 해러웨이Donna Haraway는 자연과학자들만 아니라 사회 전체가 축소된 진화론 대신에, 자가생산적이 아닌 **공동생산적**sympoietic 또는 **공생유전적** symbiogenetic **다원주의로** 전환할 것을 권고한다. 그것의 기본 작동자들은 자신들의 환경에 대한 종의 일방적이고 대응적인 반응이 아니라 '생명'과 '환경'과 같은 범주들의 상호 재귀적인 적응이다(예를 든 범주인 '생명'과 '환경'은 비록 서로 분리해서 생각할 수 없더라도 언제 어디서나 **구별가능하다**). 해러웨이는 "만약 생물학과 철학이 생물학적 단위들과 맥락과 규칙들이 상호작용하는 환경에서 독립한 유기체 개념을 더 이상 지지하지 않는다는 게 사실이라면 공동생산sympoiesis은 엄청나게 중요한 것이다"[20]라고 주장한다.

유기체가 자신의 환경에 영향을 주는 상호작용적 (그리고 여러 세대에 걸치는 초세대적) 역학은 (흰개미 언덕, 벌집 등에서 보듯) 생태학적 틈새 구축으로도 알려져 있다. 게리 톰린슨Gary

Tomlinson이 말하듯이, "틈새 구축은 당연히 호미닌hominins*의 진화에만 국한되지 않으며 생명의 역사에서 어디에나 있다. 그것의 근본적인 시스템 경로는 되먹임 회로feedback circuit로서" 유기체와 생태계가 상호 진화적으로 영향을 주고받는 것이다. 그러한 되먹임 고리들 외에 톰린슨이 언급하는 다른 메커니즘 은 "외부로부터 틈새 구축 주기를 지시하는 제어 메커니즘들 이다. 이러한 외부 제어들은 긍정적이든 부정적이든 결코 피 드백이 아니다; 그들은 앞먹임feedforward 요소들이다. 앞먹임 은 틈새시장 구축에서 항상 중요했다: 기후 변화, 화산활동에 서 지각판 운동에 이르는 지질학적 변화들, 천문학적 주기들 은 모두 지구 유기체들의 틈새 구축과 관련된 앞먹임** 요소들 이다".21

이 간결한 전망은 재귀가 모든 수준에서 일어난다는 것을 보여준다. 재귀는 보편적 작동자로서 우리의 세포에서 대기까 지, 개인의 사고 과정에서 우리의 사회구조에 이르기까지 조 정하고 통제한다. 우리가 이것을 계속 이해하지 못한다면, 우

---

* 옮긴이_ 지난 수백만 년 동안 두 발로 걸어온 인간의 조상을 통틀어 이르는 말.
** 옮긴이_ 앞먹임은 상황이 일어나기 전에 결과를 예측하여 정보를 줌으로써 다음 단계를 제어하는 방식이다.

리가 우리의 존재와 우리의 세계를 순전히 **반사적으로는 파악**할 수 없다는 것을 이해하는 데 실패한다면, 우리는 그에 상응하는 대가를 치르게 될 것이다. 모든 진보적인, 지적이며 (형이상학적인) 또는 사회적이며 (생태-)정치학적인 해결책은 우리 우주의 재귀적 구조를 이해하고 어떻게 다룰지를 터득한 해결책이어야 한다.

태초에 문장이 있었다

신약성서에 따르면 태초에 **로고스**logos가 있었다. 그런데 여기에서 표명된 진리는 하나의 단어가 아니라 문장에 적용된다. 문장이란 그것을 이루는 구성 요소들의 차이로부터 의미가 발생하는 언어구조이다.

차이가 있는 구성 요소들을 조정하고 이해하는 능력은 이에 상응하는 인지 능력을 필요로 하는데, 이 능력은 우리의 언어발달이나 그 밖의 문화발달에 뒤이어 진화하는 게 아니라 병행하며 자연스럽게 진화한다. 이런 의미에서 리처드 스콧 바커R. Scott Bakker가 "인간의 뇌는 최근 우리의 진화적 과거 어느 시점에서, 아마 언어의 발달과 같은 시기에, 점점 더 **재귀적이게 되**었다. 말하자면 자신의 과정을 환경적 개입에 점점 더 많이 반영할 수 있게 되었다"[22]고 말한 가설은 좀 더 정확하게 정의되어야 한다. 왜냐하면 우리의 뇌는 언제나 우리의 언어능력과 병행하여 발전해 왔기 때문이다.

테렌스 디콘Terrence Deacon의 **언어와 뇌의 공진화**co-evolution이론은 노암 촘스키Noam Chomsky의 선천적 언어능력 이론이나 원초적 언어본능 이론에 진화론적 뉘앙스를 더 많이 줄 가능성도 제공한다. "언어는 인간의 뇌에 인간의 뇌는 언어에 적응해 왔다. 그러나 언어 변화의 속도는 생물학적 변화의 속도보다 수백, 수천 배 더 빠르다. […] 뇌가 언어와 관련하여 공진화했지만, 언어가 대부분의 적응을 수행했다."[23] 언어와 사고, 언어와 실재는 재귀적으로 정렬된 응집성을 형성한다. 실재, (그것의) 의미, (소리, 문자 등의) 언어적 자료는 그저 임의적으로 서로 관련되거나 안 되는 게 아니다. 태초에 언어의 구조를 통한 의사소통이 있었다. 어휘체계는 지시대상referent을 기의signified와 함께 전달한다. 문법은 기표signifier를 기의와 함께 전달한다.* 언어는 우리를 세상에 위치시키고, 우리를 세상에 새겨 넣으며, 우리가 세상을 변화시키도록 돕는다. 당신, 그, 여기, 저기, 어제, 내일, ('지시적 전환사'라는) 그 자체로는 공허한 이런 표현들을 끊임없이 살피고 조정해야만 우리는 우리 자신과

---

* **옮긴이_** 기의는 담긴 의미, 기표는 문자나 소리 등 기의의 겉모습.

타인들에 대한 구체적 견해에 도달한다.

따라서 언어는 우리를 실재로부터 분리시키지 않는다. 안락의자 철학자나 언어 철학자 다수가 믿는 것과 다르다. 21세기 언어학 연구의 최신 현황에 있는 존재론의 경우, 언어와 존재는 상호 배타적이지 않다. 실제로 존재론적 이론은 언어의 구조 자체에 내재한다. 언어가 우리에게 전달하는 세계는 사물들이 아니라 관계와 연결들로 이루어져 있다. 그리고 언어는 세계의 본성에 대한 그것의 내재적인 지식을 가지고 우리의 지각보다 더 높은 수준의 리얼리즘을 주장할 수 있다. 우리 지각의 "감각적 확실성"(헤겔Hegel)은 어제는 여기에서 내일은 저기에서 내 모습과 당신의 모습을 잃고만 있을 것이다.

언어 마법 2.0*

언어의 마법적 힘에 대한 개념들은 오랜 전통을 지닌다. (언어의 구문론적 특성도 고려하는, 사물에 대한 기원적이며 신성한 명명 개념을 지닌) 카발라(유대교 신비주의)와 요한복음으로부터 (언어는 무엇보다 그 자신과만 소통하며 그로 인해 세계와 더 많이 소통한다는 언어 개념을 지닌) 야코프 뵈메Jacob Böhme의 언어 신비주의

---

* 옮긴이_ '2.0'은 소프트웨어나 기술의 버전 업데이트를 나타내는 용어로 사용된다.

와 노발리스Novalis의 「독백Monologue」, 나아가 언어는 목적의 수단이 아니라 영적 또는 정신적 존재와의 연결을 확립한다고 여기며 자기력과의 접촉을 통해 사물의 딱딱한 표면을 용해시키려는 발터 베냐민Walter Benjamin의 언어-철학적 노력에 이른다. 벤야민에 따르면 "기본적으로 이 정신적 존재는 자신을 언어 안에서in 전달한다. 언어를 통해through 전달하는 게 아니다".24

오늘날 우리는 이러한 전통의 분명한 흔적들을, 우리 모두가 미리 프로그램 되어 있는 매트릭스의 일부라는 편집증적 두려움을 포함하여 우리의 현실을 컴퓨터의 범용 운영체제universal operating system로 보는 개념에서 발견한다. 이것의 중심에는 알고리즘이 있다. 알고리즘은 "계산공간, 문화체계, 인간인식의 교차점에 위치한 객체"이다. 따라서 에드 핀은 "컴퓨터 시스템들이 오늘날 우리의 세상을 어떻게 변형시키고 있는지를 이해하려면 알고리즘에 대한 더 깊은 이해가 필요하다. 그런 의미에서 이는 문해력 훈련, 즉 세상에 대한 '알고리즘적 읽기algorithmic reading'를 개발하는 실험이다"25라고 말한다. 21세기에서 세상은 (비록 이번에는 디지털 책이지만) 다시 책으로 나타난다. 그것은 텍스트 또는 비밀 암호로서, 해석적 주권을 누리는 소수의 독점층이 소유하고 있으며 우리가 지금 해커라고 부르는 샤머니즘적 이단자들에 의해서만 해독된다.

세상이 디지털 책 또는 프로그램된 책이라는 이러한 가설은 인간의 언어가 다른 언어들과 구별된다는 점에서 이중적인 차별화를 요구한다. 첫째, 소위 기호계를 미생물, 식물, 우리 자신의 DNA까지 확장하는 생물기호학자들과 관련하여, 우리는 정보적 관계와 기호학적 관계의 구분을 주장해야만 한다. 게리 톰린슨Gary Tomlinson은 찰스 샌더스 퍼스Charles Sanders Peirce가 발전시킨 기호학 이론을 바탕으로 다음과 같이 말한다. 식물, 미생물 등은 "비-기호학적 유기체인 반면 양서류, 파충류, 포유류, 조류를 포함한 대부분의 척추동물은 기호-제작자이다. […] 이는 나무와 짚신벌레, 조개들이 그들의 환경과 그리고 환경에서 받는 자극과 매우 복잡한 관계에 있음을 부정하는 게 아니다. 그렇지만 그들의 관계는 기호학적 관계가 아니라 해석이나 기호가 없는 **정보적** 관계이다."[26]

둘째, 인간언어는 인공언어와 구별되어야 한다. 특히 새로운 되먹임 고리들을 끊임없이 생산하는 하이퍼텍스트hypertext로서의 인터넷 시대에서는, 재귀성이 자연언어와 컴퓨터언어에서 다르게 작동한다는 사실을 무시할 수 없다. 이는 엄청난 양의 데이터와 컴퓨팅 성능으로 가능해진 알고리즘 음성 분석의 최근 진전이 가져온, 패러다임 전환에 해당한다. "알고리즘 음성 분석에서 주요 혁신들은 문법과 의미론을 철저하게 매핑

하고자 했던 심층 언어구조를 포기하고, 음성을 통계적이고 확률적인 문제로 다루기를 선호하면서 이루어졌다.”[27]

기계가 실제로 우리의 언어를 이해할 수 있을 것이라는 희망을 버릴수록 기계는 우리가 말하는 것을 더 잘 이해할 것이다. 그러면 이에 기반하여 서로 다른 언어적 또는 기호학적 재귀 형태들 간에도 소통이 가능하며, 인간과 기계와의 상호 되먹임 고리들 간에도 소통이 가능하다. (예를 들면, 시리Siri는 방언들에 적응하고 사용자들은 기계의 방언 이해 능력에 적응한다.) 디지털 책이라고 해도 세상에는 서로 다른 많은 언어가 있으며, 그리고 무엇보다, 언어의 논리들도 서로 다르다.

재귀와 귀추를 지닌 앞먹임

“연역은 어떤 것이 **반드시 그렇다**는 것을 증명한다. 귀납은 어떤 것이 **실제로** 작동하고 있다는 것을 보여준다. 귀추는 단지 어떤 것이 **그럴 수도 있다**는 것을 암시한다”라고, 기호학의 창시자이자 귀추라는 대안 논리적인 절차를 고안한 찰스 샌더스 퍼스는 말한다.[28]

귀추abduction는* 새로운 것을 창조하는 데 책임이 있으며,

─────────

* **옮긴이_** 귀추는 관찰 현상에 대한 ‘최선의 설명추론’으로서 뉴턴이 케플러의 제3

따라서 특히 현재의 AI 연구에서는 물론 설명적 가설들이 공식화되는 모든 곳에서 중요하다. 귀추는 일반적인 것에서 특수한 것을 도출하거나 아니면 반대로 개별 사례들에서 일반 규칙을 도출하기보다는, 개별 현상과 그것이 자연법칙들에 부합하는 적합성이 동시에 유도되는 논리적 추론의 한 형식이다. 이것은 관습적인 논리 절차들이 더 이상 효과적이지 않은 모든 경우에 적용할 수 있다. 이미 통용되는 규칙으로부터 개별사례를 추론하는 연역 추론이든 우리가 경험적으로 확고하게 파악하고 있다고 보는 것들로부터 보편법칙을 도출할 수 있다고 믿게 해주는 귀납 추론이든 상관없다. 그야말로 세 번째 천 년기는, 사물과 규칙, 부분과 전체의 끊임없는 전환을 억누르지 않을 뿐만 아니라 그들 간의 상호 영향을 어떻게 활용할지 파악하려는 사고와 행동이 필요한 때이다.

　오직 재귀적, 귀추적, 사변적 사고만이 우리가 미래에, 또 미래로부터 직면할 문제들에 대한 해결책들을 찾을 수 있다. 스티븐 샤비로Steven Shaviro는 "화이트헤드가 설명한 사변적 과정은 찰스 샌더스 퍼스가 귀추라고 부른 것과 거의 유사하다"

───────

　법칙과 호이겐스의 구심력을 설명하기 위해 만유인력 가설을 제공한 것이 좋은 예이다.

고 말한다.[29] 미래로부터 질문과 현상들이 우리에게 다가올 때 형이상학적 전통이나 일상적인 이해가 그랬듯이 물질과 정신의 상응correspondence을 가정한다면, 우리는 더 이상 그것들을 이해할 수 없다. (사물과 지성의 일치adaequatio rei et intellectus는 중세 기독교의 가장 중요한 철학자인 토마스 아퀴나스Thomas Aquinas에서 기인하는 격언이다.) 진리는 단순히 현재에 객관적으로 존재하지 않는다. 그렇다고 모든 시대의 상대주의자들이 선언한 것처럼 그저 주관적이지도 않다. 실제로 진리는 시간이 지남에 따라 부상하며, 언제나 먼저 구성되어야만 한다. 헤겔에 따르면 진리는 단순히 실재(의 이미지)가 아니라 우리의 세계 이해 안에서, 가능성과 실재의 통합이다. 오직 재귀적 명령형*을 통해서만 가정법의 가능성이 직설법의 현실이 될 수 있다.

---

* **옮긴이_** 재귀적 명령은 자기 자신을 반복적으로 호출하면서 명령을 실행한다. 예를 들어 일상에서 "덥게 하라"는 말도 자신을 계속 따뜻하게 하라는 재귀적 명령이다. 재귀적 과정이 반복되고 계속되어야 가상의 가능성이 실제 현실로 구현될 수 있다는 의미이다.

실재

보편론-실재론-유명론

철학의 전체 역사, 그것의 반복되는 문제들, 분열과 중심 궤적들은 결국 실제로 무엇을 실재reality라고 이해할 것인지에 대한 질문과 씨름하는 역사로 기록될 수 있을 것이다. 관련된 철학 용어들로 말하자면 실재론, 명목론, 보편론에 관한 논쟁들이 상이한 저자와 학파들 간의 근본적 구분을 가능하게 하며, 실재에 대한 단일한 철학적 개념에 단번에 도달하는 게 불가능하다는 것도 밝혀준다.

그러한 논쟁들은 서양철학의 초기부터 진행되어 왔다. 아리스토텔레스조차 플라톤과 결별했다. 플라톤은 구체적 사물과 독립적인 형상의 존재를 가정했다. 즉 ('테이블임' 또는 '청색임' 같은) 보편자들과 원초적 속성들의 존재를 가정했는데, 플라톤주의자들에 따르면 이들은 **사물 안에**in rebus 존재할 뿐만 아니라 또한 사물에 앞서 그리고 **독립적으로**ante rebus 존재한다. 실재론 논쟁의 또 다른 끝은 명목론이라 부르는 것이다. 이에 따르면 보편자는 존재하지 않는다. 단지 특정한 개별 사물들과 오직 이성적 개념의 형성에 기초한 일반화만이 존재한다. (일반화는 우리가 사물을 명명하고 명사들을 사용하면서 이루어진다.) 이 분열은 최소한 칸트 이후 근대에서 비판 대 독단철학에 대한 논쟁들에서 반복된다. (칸트의 획기적인 세 비판서는 흔히 가정되듯 형이상학 자체를 겨냥하기보다는 비판적 형이상학의 가능성을 탐구하고 있다.)

실재에 대한 질문, 즉 우리가 물자체가 **무엇**인지를 확인하려는 노력에 전념해야 하는지 아니면 우리가 애당초 물자체를 인식할 수 **있을지** 그리고 **어떻게** 인식할 수 있을지에 대한 질문으로 우리 자신을 제한해야 하는지에 대한 질문은 사변과 인식론 간의 임박한 분열의 중심에 항상 놓여 있다. 이러한 형이상학적 분열은 형이상학 자체의 유의미성을 감소시킬 우려가 있는 분열로서 철학에서 불쑥 모습을 드러내며 계속 출현하고 있다. 게다가 이는 이중적인 분열이다. 왜냐하면 이로써 (항상 형이상학적이라 할) 철학 자체가 스스로를 제한하게 될 뿐만 아니라, 사물들로부터 철학의 후퇴도 철학적 관심에서 유일하게 남은 초점이 되면서 점점 더 고립되는 인식 주체에게 도움이 되지 않기 때문이다.

위에서 언급한 고대와 19세기 전환기의 사례에서 보듯, 오늘날 우리의 관심사도 실재론적 형이상학a realistic metaphysics에 대한 해결책을 찾는 것이다. 즉, 레이 브래시어Ray Brassier가 말하듯이 "존재의 구조에 대한 형이상학적 탐구는 오직 개념작용의 본성에 대한 인식론적 탐구와 함께 해야만 수행될 수 있다. 왜냐하면 우리가 '무엇'이 무슨 의미인지를what 'what' means 이해하지 못한다면 무엇이 실재하는지를what is real 이해할 수 없으며, '의미하다'가 무엇인지what 'means' is를 이해하지 못한다면 '무엇'이 의미하는 것을 이해할 수 없는데, 그러나 '이다'가 무슨 의미인지를what 'is' means 이해하지 못한다면 '의미하다'가 무엇이라는what 'means' is 이해조차 희망할 수 없기 때문이다. […] 형이상학 없는 인식론이 공허한 것처럼 인식론 없는 형이상학은 맹목이다".30 따라서 필요한 것은 사변적 형이상학, 즉 눈을 뜨고 현실을 보며 생각하는 형이상학이다.

정반대인 두 리얼리즘

역사학자, 문학 이론가, 예술계 학자들의 설명에 의하면, 19세기에 '실재적인 것the real'이라고 서술된 것의 의미에서 흥미로운 전환이 있었고, 이 전환은 매우 상이한 여러 사회적 현실에 대한 그 당시의 새로운 문학적 및 예술적 관심과 함께 발전했다. 실재, 르 레알Le reel은 이제 아름다운 것뿐만 아니라 추한 것, 선한 것뿐만 아니라 악한 것, 이상적인 것뿐만 아니라 실증적인 것 등 상반되는 현상을 지칭했으며 점점 더 기괴한 요소들도 지칭하게 되었다. 이러한 의미의 확장은 사실주의적 realistic 내레이션의 주제 범위가 확장되는 것과 함께 일어났다. 리얼리즘realism(사실주의)과 실재적인 것은 나란히 나아갔으며 당연히 현실의 일부로 이해되었다. 더 나아가 실제의 상세한 일들을 가능한 한 많이 묘사하는 것은 그렇게 이야기되거나 묘사되는 사회적 현실을 변화시키려는 의지와 연관되었다.

한편, 20세기는 내레이션이나 기표에 대한 정반대의 리얼리즘이 특징이었다. 정치적 및 예술적 아방가르드의 주창자들은 사실주의적 재현과는 반대되는 절차들로 알려진 형식화와 추상화가 사실상 더 사실주의적more realistic 이라고 주장했다. 20세기의 실재에 대한 열정passion du reel(알랭 바디우)은 명백한 사건들 뒤에서 화면 뒤에서 사회의 이데올로기 뒤에서 다른, 더 참된 실재를 찾는 데 있었고, 결국에는 존재하는 현실에 대항하는 혁명적인 노력을 통해서만 이에 도달할 수 있다고 믿게 되었다. 오직 이런 본보기 안에서만 트라우마적 리얼리즘(할 포스터

Hal Foster) 같은 것을 생각해 내거나, 예술*은 라캉이 말하는 상징계the symbolic의 일부로서, 그 자체로 참을 수 없고 (따라서 접근하기도 어려운) 어떤 실재에 대하여 방패 역할을 한다는 생각에 도달할 수 있었다.

이러한 리얼리즘의 우세가 끊임없이 반복되는 일종의 증상, 즉 부단히 예고되는 리얼리즘의 '복귀'나 실재적인 것의 '복귀'에 시달렸고 또 시달리고 있다는 것은 놀랍지 않다. 이를 단순히 지나간 시대에 대한 그리움 탓으로 돌리는 것은 부정확할 것이다. 오히려 이는 리얼리즘의 두 논리, 두 질서, 두 체제 중 그 어느 것도 결정적인 답을 갖고 있지 않다는 암시이다. 더군다나 오늘날 두 리얼리즘 모두 전성기가 지났을 수도 있다.

새로운, 지시의 리얼리즘?

리얼리즘의 범주를 놓고 또 다시 치열한 논쟁이 벌어지고 있다. 이는 우리의 다양한 실재 개념을 가르는 깊은 분열이 계속되고 있음을 시사한다. 그렇지만 서로 확고하게 반대되는

---

* **옮긴이_** 라캉에게 예술은 상징계에 포섭되지 않는 실재를 표현할 수 있는 창조 활동이자 가능성이다.

입장들조차 유사성들을 보여주는데, 비록 이 유사성들이 어떤 결정적인 체계화를 허용하지는 않더라도 적어도 실재와 21세기 특유의 리얼리즘에 대한 이해에 초기 지표의 역할을 할 수 있을 것이다.

소설에서, 필름에서, 텔레비전에서, 그리고 이 모든 것을 결합하고 강화하는 넷플릭스Netflix 같은 플랫폼들에서, 끊임없이 선포되는 실재의 위기와 리얼리즘의 귀환 이면에는 무엇보다 유의미성과 의미에 대한 욕구가 자리 잡고 있다. (연극계에서 이에 대한 예로는 밀로 라우Milo Rau의 개입interventions이 될 것인데, 여기서 실재적인 것은 끊임없이 허구적이 되고 허구적인 것은 실재적이 된다. 즉 실재와 허구는 상호 간에 참이 되는데, 이것이 없다면 실재와 시뮬레이션의 구분에 대한 탈현대적 무관심이 초래된다.) 유의미성과 의미는 먼저 내레이션과 허구들을 통해, 단순히 허구적 수단에 의해서가 아니라 재귀적 절차들에 의해 생산되어야 한다. 그렇게 함으로써 "사물과 단어와의 차이를 가로지르는" 연관된 계열들이 형성되면서 새로운 연결들이 성립된다. 브뤼노 라투르에 따르면, 여기에서 '지시reference'가 나타내는 것은 "사슬 전체의 품질이며 더 이상 사물과 지성의 일치가 아닙니다."[31]

이와 같이 이러한 지시적 리얼리즘referential realism의 문제나 출발점은 더 이상 실재에 대한 인간의 지칭이나 지시가 아니며, 현실 속 또는 이면에 있는 실재적인 것의 발견도 아니다. 오히려 우선순위는 실재의 생산에, 즉 사물, 단어, 사람들 간의 새로운 의미와 연결들의 생산에 부여된다. (그리고 이 의미들을 정립하는 데는 반드시 사람이 배타적 역할을 할 필요도 없다.) 이는 질문을 제기한다. 사물들이 그것들의 의미를 궁극적으로 우리 인간으로부터 얻는다는 상관주의적 가정이 더 이상 자명하지 않다면, 사물과 단어와 사람들 간의 안정된 연결은 어떻게 구축될 수 있는가? 21세기에서 실재는 우리, 즉 유의미성이나 의미를 부여하는 우리의 귀속 행위에 좌우되지도 않고, 소박한 리얼리즘이 우리를 믿게 하려는 것처럼 우리 눈앞에 그저 항상 이미 존재하지도 않는다. 우리는, '실재적인 것'이란 단순히 우리가 이용할 수 있는 것이라거나 우리는 '사물들'에 대해 오직 제한적이고 상대적인 접근만 가능하다는 이분법을 넘어서야 한다.

퀑탱 메이야수의 사변적 실재론이나 사변적 유물론 같은 철학에서의 다양한 사변적 접근들도 실재적인 것, 실재, 리얼리즘에 대한 이러한 미래지향적인 성좌의 지표가 된다. 메이야수의 "전체 기획은 우리가 사고하지 않을 때라도 **존재하는 것을 우리가 모순 없이 생각할 수 있다는 것**, 그래서 우리의 심적 범주

들과 상관없는 어떤 형태의 **절대**, 즉 실재적인 것을 생각할 수 있다고 주장하는 것에 있다".[32]

이러한 미래 체제에서 실재적인 것은 현실과 대립하지 않으며 그렇다고 단순히 우리 눈앞에 존재하지도 않는다. 실재는 상상 가능하지만, 과학적 노력이나 사변적 노력 없이는 상상할 수 없다. 우리는 실재에 접근할 수 있되 오직 사변을 통해서만 접근할 수 있다. 이는 마음과 세계 간에 상관관계가 있다는 관점과 반대된다. 지금까지도 철학에서 우세한 이 관점은 초점의 전환을 초래했던 것으로 사물, 실재적인 것, 현실을 떠나 우리와 그것들과의 접촉에, 말하자면 궁극적으로 우리 자신을 향하게 하였다.

상대주의 철학과 상관주의 철학은 너무나 오랫동안 실재를 회피하려 했으며, 그 대신 (인간중심주의적으로 또는 자기애적으로) 자신에게 헌신했다. 이는 지적으로 막다른 골목과 실재의 위기로 이어졌다. 이런 이유로도 우리는 사변적이고 유물론적인 새로운 철학이 필요하다. 미래의 리얼리즘은 유물론이 될 것이다.

제도의 실재성

제도institution는 우리의 기대치를 통제함으로써 우리의 행동

방식을 규제한다. 사회학자 마리오 라이너 렙시우스M. Rainer Lepsius에 따르면 어떤 행위가 보상이나 제재를 받을지를 우리가 항상 이미 알고 있다는 사실이나, 또는 별 차이는 없지만 우리가 알고 있다고 믿는다는 사실은 **제도화**를 "'문화'와 '사회' 간의 매개과정"33으로 만든다. 그런데 우리는 기존의 (문화) 제도들이 우리 사회에서 더 이상 그 기능을 수행하지 않는다는 비난에 점점 더 직면한다. 따라서 낡은 콘텐츠와 가치만을 재생산하는 그러한 화석들에 정부지원금이 줄어드는 것은 놀랍지 않다.

그러나 이러한 획일적이고 비생산적인 비판에 단지 동의만 할 게 아니라 좀 더 면밀히 살펴볼 필요가 있다. 안타깝게도 제도는 자기 내부의 모순들을 인식하는 데 필요한 자기성찰이 대체로 부족하다. 이 이유만으로도 제도가 하려고 의도하거나 한다고 믿는 것과 그것이 실제로 하는 것과의 차이를 반드시 활용해야 한다. 정말로 여러 제도의 실제 효과와 그 대표자의 의도 간의 심각한 괴리를 붙잡고 씨름하는 것은 매우 생산적일 수 있다. 예를 들면, 우리의 대학들이 공언하는 가치들과 그들의 틀에 박힌 일상과의 이데올로기적 불일치 또는 현대 아트가 채택한다고 주장하는 비판적 태도와 글로벌 아트 시스템의 실제 효과와의 이데올로기적 불일치 등이 이에 해당한다. 여기서 이데올로기는 현실을 가려버릴 정도로 현실과 관련 없는 개념과 이념들의 집합체를 말한다.

필요한 것은 (이제 그 자체로 제도화되어 버린) 그저 반사적인 제도 비판이 아니라 제도의 실제 효과를 재귀적으로 활용하는 것이다. 이러한 접근법의 기저에는 문화 제도가 사회에 미치는 영향은 보통 그것들이 추정하는 것보다 훨씬 크다는 가설이 깔려 있다. 문화 제도의 실제 효과는 그것들이 일반적으로 놓인다고 믿거나 희망하는 곳에만 있는 게 아니다. 예를 들어, 현대 아트 제도의 지역 및 글로벌 경제 효과는 번창하는 세계적 기업에 기대되는 것과 다르지 않게 막대한데도, 이 효과는 선제적으로 또 생산적으로 활용되기보다 주로 부정되거나 양심에 가책을 느끼며 인정된다. 예를 들어, 전시 제도는 (예술의 가치를 통해 수익을 얻지 않는다면) 어떻게 예술의 가치를 높이는가? 전시 제도는 시장 동향에 어떻게 영향을 주는가? 그리고 지정학적이고 이데올로기적 의제에는 또 어떻게 영향을 줄 수 있는가?

마찬가지로 우리의 교육 제도들, 특히 인문학은 그들의 장엄한 콘텐츠에서 벗어나 그들이 자신들의 제도적 과정을 통해 늘 전달하고 생산해 온 그들의 실제 가치와 효과로 방향을 되돌릴 필요가 있다. 그래서 제도의 리얼리즘은 제도가 사회 전체에 미치는, 종종 불경스럽거나 진부한, 실제 효과에 관심을 둔다. 제도가 어떻게 사회적으로 작동하는가를 이해하는 것과 제도를 바꾸려는 노력은 함께 간다. 제도는 제도에 대해 불평하기를 좋아하고 제도의 발전이 자신들을 방해한다고 믿는 개인들이 말하는 타자the Other가 아니다.

정치

새로운 정치 없는 새로운 정치 주체

인간은 본성상 이성적인 동물animal rationale인가? 아니면, 아리스토텔레스가 주장한 대로 애초에 정치적인 동물zoon politicon인가? 아리스토텔레스의 주장은 홉스, 로크, 루소부터 시작하는 근대, 신고전주의, 신자유주의 저술가 전체 집단과 상충한다. 이들은 모든 사회적 연합의 시작(또는 그 이전)에 순전히 자기이익을 위해 매진하는 합리적 개인들이 있다고 상상했다. 이들에 따르면 정치는 개인들 간의 폭력을 관리할 목적으로, 만인의 이익을 위한 필요악에 불과하다. 이에 상응하는 제도 중에는 근대 자유민주주의자들이 (그리고 프랜시스 후쿠야마Francis Fukuyama 같은 민주주의 이론가들이) 말하는 다양한 초석들(또는 숭배물?)이 있는데, 국가로서의 지위를 구성하는 책임 있는 정부와 독립적인 사법부도 포함된다.

그러나 최근 수십 년간의 정치경제를 살펴보면 안정된 정치 및 경제 질서의 기둥들 중 적어도 세 기둥이 막대한 위기에 처해 있음을 알 수 있다. 세계화 시대에서는 고정된 국경과 국가주권 개념들이 점점 더 폭력으로만 유지될 수 있다. 관리 가능한 전체 주민의 생산성에 대한 자신감은 잉여 인구의 증가와 그 어느 때보다 큰 이주 흐름들에 직면하여 사라지고 있다. 지난 금융 위기 이후, 모든 정부나 다른 형태의 통제에서 자유로운 안정적이고 자기-조직적인 경제 영역에 대한 믿음은 자유시장경제의 맹렬한 지지자들 사이에서조차 거의 찾아볼 수 없다. 우리가 불평등 심화, 부패 증가, 이익률 감소, 전체 실물경제의 침체 같은, 현대 정치와 현대 경제를 특징짓는 병리현상, 극한 상황, (겉보기의) 이상현상들에 어떤 식으로든 대응할 수 있는 수단을 갖고 있는지 여부는 논쟁의 여지가 있다. 우리가 대규모의 재분배나 전 세계적인 부채 탕감 같은 조치를 취할 수 있는지 여부는 말할 것도 없다.

마르크스는 일찍이 노동자계급에서 혁명적인 주체를 보았다. 오늘날의 지정학적 및 경제적 무리에서 새로운 정치 주체는 난민의 형태로 식별 가능하다. 더 이상 단지 육지만이 아니라 바다의 비참함 속에서도, 배제된 자들의 배제불가능성과 탈식민적인 자본주의적 세계화의 진정한 정치화에 대한 필요성이 분명히 드러난다. 진보정치의 오늘과 내일의 과제는 난민을 단지 문제적 인물로 간주하는 대신 그들을 생산적인 개념으로 동원하는 것이다. 그러한 정치의 소실점은 대니얼 팔브Daniel Falb가 말한 **전 지구적 거주이전의 자유**a planetarische Freizügigkeit로서, 모든 이의 세계시민권global citizenship for all에서 극점에 이르는 보편적인 이동의 자유와 정신의 관대함이다.

난민정책 대 난민

정치적 사건들에 대한 최근의 보도와 논평을 믿는다면 정치위기와 경제위기가 점점 더 악화되고 있으며 대단히 빠른 주기로 반복되고 있다. 이로 인한 무력 충돌들은 보다 큰 규모의 이주 흐름들을 야기하는데, 이 흐름에 더해 기후 난민의 수도 경제 및 정치 난민들에 못지않게 곧 급격히 증가할 것이다.

이런 이유에서 난민은 과거에 갇힌 정치인과 대중이 결사적으로 그들을 그렇게 간주하고 싶어 하는 이상현상이 아니다. 난민은 21세기의 **바로 그**the 새로운 정치 주체이다. 지금 그들은 19세기와 20세기에 그들의 전임자인 부르주아, 여성, 노동자, 비백인 민족들처럼 더 이상은 견딜 수 없는 전통적 자리를 버리고 정치 무대에 등장하여 전례 없는 방식으로 발언하고 자신들을 알리면서, 자발적으로 **도시국가**에 불안을 일으키고 있다.

명백히 (지배 민족의 언어를 습득하지 못했거나 그 언어로 말하기를 거부한다는 야만적이란 단어의 원래 의미에서) **야만적**barbaric 난민은 통상적으로 정치라고 이해되는 것, 즉 "집단의 결집과 동의 […], 권력의 조직화, 장소와 역할의 분배, 그리고 이런 분배를 정당화하는 체제"34에 대한 유일한 반대이다. 그러나 정치 철학자 자크 랑시에르Jacques Rancière에 따르면 정치에 대한 이 통상적인 이해는 오히려 치안policing이라 불러야 한다. "나는 이제 정치politics라는 용어를 치안에 적대적인, 극도로 단호한 활동을 일컫기 위해 남겨두자고 제안한다. […] 정치 활동은 신체를 지정된 장소에서 이동시키거나 장소의 목적지를 변경하는 모든 활동을 말한다. 그것은 볼 일이 없던 것을 보이게 만들고, 한 때 소음만 있던 곳에 담론이 들리게 한다."35

난민의 주체화는 자신들의 낡은 질서에서 벗어나야만 하는 난민 자신들에 대해서만이 아니라 그들이 접촉하는 모든 사회에 대해 난민을 비식별화하는 것de-identifying 이다.* 적어도 부당이득의 취득자들은 식민주의와 착취의 다른 형태들을 애써 외

---

* **옮긴이_** 비식별화란 개인을 식별할 수 있는 정보의 전부 또는 일부를 삭제하거나 대체하는 방법으로 해당자를 알아볼 수 없도록 하는 것이다.

면해 왔다고 보이는데, 이전에는 보이지도 들리지도 않던 신인들이 정치 영역에 새로 등장하고 더욱이 이들의 등장이 저항으로 이루어진 것이기에 낡은 경제질서와 정치질서가 흐트러지기 시작했다. 동시에 난민은 새로운 탈인류세 혹은 새로운 탈자본세 정치의 지표이다. 물론 기성 권력은 이를 단지 비합법적인 무질서로 여길 수 있다.

그 결과로 도출된 (미온적인 통합 정책을 포함하는) 난민정책들은 근대 난민와는 정반대이다. 난민들이 어디에서 왔으며 어디로 가야만 하는지에 대한 공간적 질문들은 어쩌면 그들의 중대한 시간적 차원을 간과할 수도 있다. 만약 난민들의 탈주선이 미래를 향하고 있다면?

탈인류세의 새로운 법

모세Moses 시대 이후 줄곧 우리는 법을 돌에 새겨진 것으로 생각하거나 적어도 땅에 기반을 둔 것으로 생각한다. (노모스 nomos는 그리스어 용어로서 법률 그리고 땅의 분할을 의미한다.) 이런 생각은 급격한 기후변화의 시대에서 변하고 있으며, 이는 급격한 기후변화는 수천 년 동안 대체적으로 안정적이었던 해안선의 예측 가능한 변화와 함께 지질학적이고 지정학적인 이상현상들을 일으키면서, 정치이론의 영토 우선주의에 의문을 던지고 있다. (해양에 대한 육지의 타고난 우선권은 항상 전제되고 있었다.)

법학자인 다보 비다스Davor Vidas는 과거를 돌아보며 다음과 같이 말한다. "해양법의 주요 진전은 제2차 세계대전의 여파로 시작되었고 지질학적 근거에서 도출되었다: 대륙붕을 연안국 육지 영토의 해저 연장으로 보는 것이다. 여기서 핵심 주장은 해당 해저지역의 광물 (화석) 자원들이 같은 대륙 덩이의 일부를 형성하는 육지에서 발견되는 그런 자원들과 지질학적으로 같은 풀에 속한다는 것이다."36 이것이 인류세의 상황하에서는 변하고 있는데 왜냐하면 해양이 육지를 지배하고 제압하려고 위협하기 때문이다. 그리고 공교롭게도 해양은 이제 점점 더 난민들의 운명이 걸린 **바로 그** 구역이 되고 있다. "실제로 우리는 (공식적인 확인 여부와 관계없이) 이미 인류세에 와 있다. 그래서 우리가 점점 더 직면하게 될 문제는, 오늘날의 성문화된 국제법이 아직도 홀로세 상황이 지속되고 있다는 암묵적 가정에 기반하고 있다는 것이다."37

이러한 괴리는 (지리)정치적 측면에서 우리가 더 이상 20세기의 '지형'에 있지 않다는 것을 보여준다. 또한 정치적으로도 우리는 미래의 새로운 기술-인류자본세techno-anthropocapitalocene 정치의 필연적인 기원에서 역사적 교차점을 목격하고 있다.

메레오토폴리틱스* 또는 정치의 승화: 땅-물-공중

제2차 세계대전 종료 이후에도 법학자이며 정치철학자인 칼 슈미트Carl Schmitt는 영국과 같은 해양 강국들을 상대로 나치 독일의 영토 논리를 옹호하고 정당화했다. 그의 호소는 **땅의 법률**nomos of the earth의 원초적 우위에 근거했는데, 이는 오늘날 군사 및 기후 기술의 발전으로 더욱 치열한 경쟁에 직면하고 있다. 당시 슈미트는 미국의 새로운 공군력을 미미하게 다루었고 그의 말년에 이르러서야 '공간의 일렁임'에 어떤 민감성을 나타냈다.

새로운 **법률**들은 (너무) 유동적이고 공허하다. 그런 이유로 우리는 기술 변화의 영향을 적으로 그리고 법적으로 제한하려는 필사적인 노력을 목격한다. 그레구아르 샤마유Grégoire Chamayou는 그의 저서 『드론 이론 A Theory of the Drone』에서 "오늘날 미국의 변호사 전체집단이 '무력충돌 구역'이라는 개념을 더 이상 엄격하게 지리적 의미로만 해석해서는 안 된다는 점을 어떻게 주장하는지" 서술한다. "소위 시대에 뒤떨어진 이 지구중심적 개념은 이제 적-먹잇감의 신체에 부착된 표적중심적 개

---

* **옮긴이_** 메레오토폴리틱스는 공간과 정치의 상호작용을 포착하면서 여러 정치적 의사결정을 탐구한다.

146   미래의 형이상학

념과 반대된다."[38] 순수한 영토 분쟁에서조차 오래된 지리적 및 지정학적 논리는 더 이상 유효하지 않으며, 주역들이 그 순간 어디에 위치해 있는가에 따라 바뀐다. "이를 매우 도식적으로 표현하자면, 우리는 수평에서 수직으로, 육군 참모들이 지닌 오래된 지도의 2차원적 공간에서 3차원적 공간에 기반하는 지정학으로 전환했다."[39]

의심할 여지없이 우리는 지금 미래의 정치적 형이상학의 핵심 문제들 중 하나를 다루고 있는데, 여기에 정치의 본질 그 자체의 성패가 달려 있다. "지상전과 공중전의 각각의 장점에 대한 논쟁은" 샤마유에 따르면 "준-형이상학적 성격을 띤다. 대반란전이 그것의 핵심을 잃지 않고 공중-정책 수준으로 올라갈 수 있을까? 물론 작전 과정에서 전략이 정치와 함께 구름 속에서 실종될지도 모른다는 위험이 있다".[40] 영토분쟁의 오래된 기준과 구분은 더 이상 2차원이 아닌 다차원적 공간질서와 기후변화로 인한 영토의 액상화에 비추어 증발하고 있다. 땅, 물, 공중의 새로운 정치적 (재)구성은, 이러한 개별 요소들을 망라하여 새로운 전체, 새로운 메레오폴리틱스mereopolitics* 또는 메레오토폴리틱스mereotopolitics**를 형성할, 상응하는 부분

―――――

* 옮긴이_ '부분-전체 정치'라는 의미.

전체론적 정치mereological politics를 여전히 기다리고 있다.

새로운 군사 윤리와 군사-형이상학적 무/질서

그레구아르 샤마유는 전쟁의 새로운 기술적 요소를 분석할 뿐만 아니라 새로운 철학의 기초를 발전시킨다. 로봇과 드론의 배치는 탈민주주의 신드롬의 전형으로서, 그것은 자국민들에게 (안보의 약속, 비용 압박 등) 자신을 정당화해야 한다는 강박감을 느끼며 동시에 전쟁수행에 대한 확고한 의지로 국민국가의 주권을 역설한다.

여기에서 우리가 직면하는 정치이론과 도덕철학의 질문들은 오늘날 훨씬 더 무해한 형태인 자율주행차의 맥락에서 논의되고 있는 것들과 유사하다. 피할 수 없는 사고의 경우 누구의 생명을 구해야 하며 누구의 죽음을 고려해야 하는지를 누가 결정하는가 등등. 로봇 역시 더욱 합리적으로 죽일 수 있기 때문에 더 적은 규모의 사고를 약속한다. 동시에 살상기계들이 저지른 전쟁 범죄는 이에 상응하는 정치적 그리고 형이상학적 질문들을 불러일으킨다. 로봇의 잘못인가, 프로그래머의 잘못인가, 아니면 사령관의 전략이 잘못인가? 최근 몇 년 동안 점점

** 옮긴이_ '부분-위상 정치'라는 의미. 112쪽 참조

더 많이 배치된 드론은 문제만 심화시켰다. "이 무기는 기존의 원격전쟁 과정들을 확장하고 과격하게 만들어 결국 전투를 없애는 것으로 끝난다. 그러나 그렇게 함으로써 '전쟁war'*'이라는 바로 그 개념을 위기에 빠뜨린다. 여기서 주요한 문제가 발생한다. '드론 전쟁'이 더 이상 전쟁warfare이 아니라면, 그것은 어떤 종류의 '폭력 상태'에 해당하는가?"41 오늘날 샤마유는, 한때 아테네의 아고라에서 (모두가 정말 전쟁만 했던) 군대표들에 다가가 소위 정의justice에 대한 질문을 퍼붓던 소크라테스와 다르지 않게, 전쟁이 정말로 이제 어떻게 규정되어야 하는지를 묻는다. 그는 가미카제kamikaze와 드론 조종사를 나란히 예시하면서, 이 질문을 몸과 정신의 필멸과 불멸이라는 오래된 형이상학적 질문과 연결시킨다. "카미카제: 내 몸이 무기다. 드론: 내 무기는 몸이 없다. 전자는 행위자의 죽음을 의미한다. 후자는 죽음을 완전히 배제한다. 가미카제들은 죽음이 확실한 자들이다. 드론 조종사들은 죽음이 불가능한 자들이다."42

이전의 군사 윤리의 관점에서는 단지 극단적인 최후 수단으

---

* **옮긴이_** war는 일반적으로 군사적 수단을 동원하고 적용하는 국가 간의 무력 충돌로 정의되며, warfare는 공중, 지상. 해상, 사이버 같은 영역에서 수행하는 전투를 의미한다.

로 간주했거나 대칭적인 군사 전투의 규범을 완전히 벗어나 있던 것이 오늘날에는 정상 상태나 군사적 비정상으로, 즉 최대로 비대칭적인 대결이 된다. 한 쪽은 죽음 없는 전쟁이라는 군사적인 꿈 또는 '민주주의적인' 환상이 있고 다른 쪽은 확실한 죽음이 있다. 드론을 배치하거나 조종하는 사람은 살해될 수 없다. 그렇게 되면 분명 민간인들의 우발적인 죽음이 야기되며 이는 단순히 **부수적인** 피해가 아니다. 언제든 누구에게나 닥칠 수 있는 이 과격한 우발사태는 해당 군사 분쟁의 한 쪽이 지닌 막대한 기술 우위와 필연적으로 함께한다.

그때나 지금이나 가미카제 조종사에서 자살 폭탄 테러범에 이르기까지 기술적으로 열세인 자들은 자신의 죽음을 최대한 활용해야만 한다. 이제 그들의 목표는 가능한 한 많은 민간인의 생명을 앗아가는 것이어야 한다. 그렇다면 철학적 관점에서나 심지어 변증법적 관점에서도 한 쪽의 무력감은 다른 쪽의 우월함과 별반 다르지 않다. 절대적 비대칭의 이면에서 우리는 실제의 정치에서도 볼 수 있는 사악한 대칭과 합의의 윤곽을, 해당 분쟁의 강경파들과 극단주의자들의 상호 이해에서 목격한다.

샤마유에 이어 우리도 새로운 세기에서 궁극적으로 새로운 두 개의 윤리적 및 형이상학적 군사 무/질서를 다루어야 한다.

"우리 눈 바로 앞에서 일어나고 있는 일은" 첫째, "하나의 공식 윤리에서 다른 윤리로의 전환: 자기희생과 용기의 윤리로부터 자기보존과 거의 비겁이라고 간주되는 윤리로의 전환"이며, 둘째로 "이런 새로운 무기들과 오래된 […] 군사적 기풍과의 충돌"[43]이다. 더욱이 분명한 점은 이러한 새로운 세계 (무)질서를 만드는 이들조차 현재 모순되는 그들의 기본 윤리 및 형이상학적 가정들 속에서 자신들의 방향을 더 이상 찾을 수 없다는 것이다.

절대적 주체

한나 아렌트Hannah Arendt는 한때 "절대의 문제problem of an absolute"를 "혁명적인 정부의 모든 문제 중 가장 골치 아픈 문제"[44]로 묘사했다. 이 관찰은 형이상학적 정보에 입각한 미래의 정치와도 관련된다. 우리가 인정하기를 원하든 아니든, 오늘날 다시 우리는 어느 모로 보나 혁명적인 시대, 즉 이전의 모든 것을 뒤틀고 뒤집는 시대, 새로운 정치적 무/질서 또는 비-정상의 시작 또는 기원에 서 있는 시대에서 살고 있기 때문이다. 우리 사회가 동반하는 위기는 특히 우리의 자기-이해의 핵심에 영향을 미치는 이데올로기적 위기이다. 분명히 사회 및 정치 영역에서 당면한 질문은 한 문화의 기본 개념과 가정들이 더 이상 통용되지 않을 때 그것이 그 문화에 무엇을 의미하는 가이다. 영토의 논리 또는 국가의 (그리고 민족주의적인) 논리를 벗어나 정치적 주권을 어떻게 이해할 것인가? 자체의 세법과 노동법을 장려하며 점점 더 독립적인 행위자가 되면서 실제로 전통적인 국민국가의 경쟁자가 되고 있는, 역외지대와 자유무역지대의 커가는 중요성을 어떻게 다룰 것인가? 우리는 미래에 어떤 새로운 정치 주체들과 마주하게 될까? 난민들 그리고 더 나은 다른 미래를 추구하는 젊은 기후 운동가들은 물론 반동적 테러리스트들도? 현재의 지정학적 전환과 긴장을 고려할 때 우리는 어떤 주체가 필요할까?

현재로서는 우리에게 이러한 질문들에 대해 준비된 답이 없을 뿐만 아니라 정치인들도 한결같이 대답을 회피하고 있는 것 같다. 이는 21세기의 **바로** 그 새로운 정치 주체인 난민과 관련하여 가장 분명하게 드러난다. 수구세력이 이들 혁명적 주체들이 가까이 오지 못하도록, 어쩌면 부지중에 그리고 의도치 않게, 전력을 다하고 있다는 것은 현대 사회에 악영향을 미친다.

**3장
사변**

진리가 당신을 자유롭게 하리라.
진리와 당신과의 관계가 끝나고 나서야.

_데이비드 포스터 월리스(David Foster Wallace)

형이상학의 종말 이후의 형이상학

지난 몇 년 동안 우리는 새로워진 다양한 형태의 비합리주의가 성장하는 것을 경험하고 있다. 정치적 광신주의, 사회적 반계몽주의, 내밀한 은비주의가 오늘날의 상태이다. 종교는 빠른 차선에 있으며, 이는 늘 그렇듯이 종교의 가장 나쁜 측면들도 힘을 받고 있음을 의미한다. 자유로운 사고에 대한 제한, 배제 메커니즘, 편협이 그것들이다. 과학과 계몽의 기치 아래에서 소위 형이상학의 종말은 형이상학의 핵심 질문들에 대한 그저 회의적인 무시일 뿐이라고 밝혀졌다. "현대의 형이상학의 종말은, 매우 회의적이기에, 신앙적인 형이상학의 종말일 수밖에 없다"고 퀑탱 메이야수는 말한다.[1] 사고되지 않은 채 남았던 것이나 남는 것은 사회적 정신에 하나의 증상으로 돌아오며, 이는 정신분석학이 억압된 개인들의 운명을 묘사했던 방식과 전혀 다르지 않다.

종교의 귀환은 지적인 실패의 징후이다. 미래에 철학이 자기가 초래한 부적절함에 자족하기를 끝내 원하지 않는다면, 형이상학적 주제와 현상들을 붙잡고 (다시 한 번 새로워진 강도로) 지적으로 씨름해야 한다. 철학의 역사를 고려할 때 이 일이 더 이상 쉽지 않으리라는 것도 이해할 만하지만 그래야 한다. 철학은 자신의 사변적 힘을 신뢰하고 형이상학적 질문들을 자신 있게 붙들고 있어야 한다. 그렇지 않으면 비합리주의에 기대어 초월의 문제를 다루는 도처에 깔린 전문가들에 의해 (여전히 너무 형이상학적이라는 이유로) 계속 주변화될 것이다. 그래서 내일도, 칸트가 우리 스스로 자초했다고 묘사한 미성숙에서의 탈출은 형이상학적인 일이다.

데이터, 새로운 종교

종교적인 것이 다양한 분야에서 다양한 방식으로 되돌아오고 있다. 주권과 전지전능 같은 신학 개념들의 세속화가 무엇보다 우선적 구성요소인 영역에서, 보수적이거나 반동적인 정치에 봉사하는 종교민속의 도구화를 점점 더 목격한다.

경제 영역에서는 형이상학적 사고가 다른 방식으로 계속 작동한다. 마르크스가 보기에는 개별 상품뿐만 아니라 자본주의 자체도 "형이상학적 예리함과 신학적 정교함이 넘치고 있었다".[2] 캐시 오닐Cathy O'Neil이 그녀의 저서 『대량살상 수학무기 Weapons of Math Destruction』에서 말하듯이, 소위 객관적이라는 수학 모형들은, 신처럼, 전적으로 "불투명하며, 그것들의 작동은 그 영역의 최고 성직자인 수학자와 컴퓨터 과학자를 제외하면 누구에게도 보이지 않는다".[3] (종종 유사) 과학 모형들의 불침투성과 불가해성은 순수하고 명령하는 정신과 그저 실행하고 결정될 뿐인 몸의 구분과 같이 케케묵은 형이상학적 구분들을 강박적으로 복제한다. 또한 주관적이고 세속적이며 물리적 특질이 없는, 이른바 편견 없는 데이터에 대한 암묵적이거나 명시적인 믿음도 널리 퍼져 있다.

이러한 기술-종교적인 복종은 계몽적 파국의 예언자인 장 피에르 뒤피Jean-Pierre Dupuy가 근본적인 **경제신비화**를 언급하며 오직 독특한 방법론적 절차만이 이에 대항하는 데 도움이 될 수 있다고 말하는 데까지 이르렀다. "경제의 기초들이 경제학 자체의 방법들이 아니라 신학의 방법들을 사용하여 제대로 검토될 수 있다는 생각은 이상하게 들릴 수 있지만, 경제학자들이 늘 그렇듯이 뒷문으로 신학을 몰래 들여오는 것보다는 확실히 더 정직하다."[4] 지금 우리는, 이른바 경험주의를 숭배함에도 불구하고 자기 자신의 신학적 맹점을 인식하지 못할 뿐더러 자기가 상상한 환영들에 기꺼이 현혹되는, 데이터를 신봉하는 종교적 신앙을 다루고 있다. 유발 하라리Yuval Harari는 이러한 현상에 대해 **데이터이즘**dataism라는 용어를 만들었다; 다른 이름으로는 데이터 물신주의 또는 데이터 근본주의가 있다. ≪위어드 Wired≫의 전 편집장이자 세속화된 데이터 종교의 대제사장인 크리스 앤더슨Chris Anderson은 이 세계관을 다음과 같이 표현했으며, 이 기사는 많이 논의되었다: "방대한 양의 데이터와 이런 수치를 고속 처리할 통계 도구들의 새로운 이용가능성은 세상을 이해하는 전적으로 새로운 방식을 제공한다. 상관관계가 인과관계를 대체하며, 심지어 과학은 일관된 모형, 통일된 이론, 또는 실제로 어떤 기계적 설명이 전혀 없이도 전진할 수 있다."[5]

가설을 발전시키고 실험을 수행하지 않고는 과학적 진보가 불가능할 것이라는 사실은 차치하고라도, 이렇게 태평한 평가에 대한 거의 모든 것이 철학적으로도 잘못되었다. 데이터 숭배자는 자신이 모든 결정론적 역학에 얽매이지 않는다고 믿으면서, 자신이 모든 지상 현상으로부터 해방되었다고 여긴다. 모든 이론이나 모형은 통계와 확률의 계산에 의해 불필요한 잉여가 된다고 여긴다. (세계와 이러한 예시 데이터와의) 상관관계가 인과관계보다 유일한 절약 방안으로 등장한다. 그렇게 세상은 잘못된 신조와 연결된다.

세속화가 결코 충분하지 않은 이유

"철학은 신학의 시녀이다"라는 중세의 격언은 형이상학과 종교의 역사적 관계가 얼마나 밀접했는지를 보여준다. 신을 이해하려는 노력인 신-론과 사랑-지혜인 철학은 요컨대 존재의 궁극적 이유들을 확인하려는 노력에서 연합될 것이다. 자크 데리다는 이 점에서 결코 완전하게 해체될 수 없는 존재신론 ontotheology을 보았다.

물론 현대철학은 대체로 문화의 일반적인 세속화를 자극하는 촉매였으며, 그것의 방아쇠이자 동시에 결과이기도 하다. 그런데 문제의 일부가 바로 이 '세속화secularization' 개념에 있다면? 아마도 조르조 아감벤Giorgio Agamben이 말하듯이 "우리는 환속화secularization와 세속화profanation를 구분해야만 한다. 환속화는 억압의 형식이다. 환속화는 자신이 다루는 권력을 그저 한 곳에서 다른 곳으로 옮기기만 함으로써 그 권력을 그대로 내버려둔다. 따라서 (주권권력의 패러다임으로서 신의 초월성 같은) 신학 개념들의 정치적 환속화는 그 권력은 그대로 내버려둔 채 천상의 군주제를 지상의 군주제로 대체하는 것에 불과하다. 세속화는, 그러나 자신이 세속화*하는 것을 무력화한다."[6] 미래의 형이상학은 세속적인profane 형이상학이 되어야 할 것이다. 21세기의 정치문화에서뿐만 아니라 그 밖의 담론과 학문 분야에서도 신학적 경향들을 뿌리 뽑고 이에 맞서 싸워야 할 것이다.

---

* **옮긴이_** 조르주 아감벤에 따르면 세속화는 신성시되었던 것을 비활성화시켜 인간이 공동으로 재사용할 수 있게 되돌리는 역장치이다.

결과가 뒤따르는 퇴각

절대적인 진술이나 절대적인 것에 대한 진술을 자제하려는 소위 반형이상학적인 절제가 우리를 문화적으로나 정치적으로 막다른 골목에 몰아넣었다. 오늘날 종교는, 어떠한 저항도 받지 않으면서, 사회적 사태에서 소위 그들의 지적 우위를 재주장할 권리를 점점 더 사칭하고 있다. 이 주장은 완전히 폐기되었다고 이전에 (바르게) 믿고 있던 주장이다. 이와 병행하여 우리는 직접적이며 중재 불가능한 대결을 경험하고 있는데, 한쪽에는 자유민주주의자들이 다른 한쪽에는 정치적 극단주의자와 종교적 근본주의자들이 있다.

자유민주주의를 지향하고 해체적 반론을 교육받은 사람들이 다양한 성향의 광신도들을 맞닥뜨리면 대개 도덕적 호소에 머문다. 불확실한 형이상학적 지형에서라도 합리적 논쟁을 펼칠 수 있는 방법에 대한 지적인 토론이 부족하다. 단지 '철학'이 그 자체로 문화적으로 중요하고 그렇게 보호할 가치가 있기 때문만이 아니라, 무엇보다 사회 및 정치적 이유로 형이상학과의 새로운 대결이 다시 한번 시대의 명령이 되었기 때문이다. 오랫동안 철학은 자신이 한때 형이상학적 질문들에 대한 핵심 역량이었음을 점점 부끄러워하며 외면해 왔고, 사회 전체가 그 대가를 치르고 있다.

신앙주의와 사고의 탈절대화

실증주의와 신학적 주장들의 환생 사이에서 철학은 자신의 발걸음을 잃었고 이와 함께 형이상학도 나쁜 결말에 이르렀다. 자신들이 더 이상의 논쟁에 영향 받지 않는 확실성을 지닌다고 믿는 다양한 형태의 비합리주의가 등장한 데에는 수많은 역사적, 경제적, 정치적 이유가 있지만, 철학 자체에도 일부 책임이 있다. 벌을 받지 않고도 형이상학을 버릴 수 있다는 바로 그 순진한 믿음에 계몽 사고가 동조했다. 한때 역사적으로 이해할 수 있는 것, 즉 독단적 형이상학의 무경계성으로부터 거리두기가 지금은 위험한 불안정성에게 문을 열어주었다. 2세기에 걸친 비판적 반-형이상학 이후, 우리는 지금 퀑탱 메이야수의 말을 빌리자면 다음과 같은 역설에 직면해 있다. "독단주의에 대항하여 사고를 무장할수록 광신주의 앞에서는 더욱 무방비 상태가 된다."7

특히 지금, 우리는 모든 형태의 신앙적이거나 광신적인 '사고'에 대항하는 어떤 공격성, 즉 메이야수가 철학 자체의 프로젝트를 구성한다고 주장하는 공격성을 다시 상기해야만 한다. 광신적인 사고는 **사실상** 사고가 아니라 **절대적인 것**에 대한 어떤 특권적인 **접근권**을 소유하고 있다는 믿음이다. 오직 철학에 독특한 사변적 잠재력을 상기하는 것만이 이에 대응하는 데 도움이 될 수 있다. 다른 미래는 방어적인 비판적 조치들로 구상되는 것이 아니라 오직 사변적으로만 구상될 수 있다. 우리는 오직 그 미래로부터 실재와 사실상의 동시대성을, 즉 과거와도 아니고 그저 현재와도 아닌 미래와의 동지애를 확립할 수 있을 것이다.

무한한, 현실 상실감

탈현대의 시대가 끝난 후에도 우리는 현실로 되돌아가지도 완전히 도착하지도 않았기에 현실 상실감이 만연해 있다. 그런데 실제로 상실된 것은 세상일까, 아니면 세상에 대한 우리의 통제력일까? 아니면 산업화 초기의 낭만주의 동시대인들이 한때 의심했듯이 우리가 세상에서 상실된 것인가? 지금 우리는 18세기 초 고트프리트 빌헬름 라이프니츠Gottfried Wilhelm Leibniz 가 처음 제기한 일반적인 형이상학적 질문의 현대적 변형들을 다루고 있을지도 모른다. 왜 아무 것도 없지 않고 어떤 것이 있는가? pourquoi il y a plutôt quelque chose que rien? 나중에 보다 실존주의적인 해석들에 따르면, 이것은 단지 왜 아무 것도 없음nothing이 아니라 어떤 것이 있느냐는 질문일 뿐만이 아니라, 과연 무nothing-ness 이외에 다른 무엇이 있을지를 묻는 실질적으로 고조된 질문이다. 라캉 정신분석학에서는 이것을 우리 사회의 상징계의 위기라고 부른다.

그러나 그로 인한 때때로 광적인 의미 탐구는 이와 관련된 자들이 생각하는 것보다 덜 보편적일 수 있다. 이러한 의심은 상징계의 퇴각으로 위협받는 오이디푸스적 주체가 주로 남성이라는 사실에 비추어 자연스럽게 제기된다. 우리는 이에 정반대의 관찰을 추가할 수 있다. 즉 오히려 우리는, 디지털 혁명의 여파 속에서, 어떤 질서를 찾거나 참조하는 데 압도적인 어려움을 겪을 정도로 넘쳐나는 유의성, 기호, 의미를 다루고 있다는 것이다. 우리는 지금 새로운 종류의 복잡성뿐만 아니라 새로운 무한성에도 직면해 있다.

어떤 존재도 없다면?

수천 년 동안 철학은 실체적인 것에 대한 질문, 즉 불변하며 영원한 존재에 대한 질문으로 매우 강하게 형성되어 왔기에, 철학과 존재론은 그들의 역사를 고려할 때 명확하게 구별하기 어려울 수 있다. "존재론 또는 제1철학은 수세기 동안 서구적 사고의 근본적인 역사적 **선험성**이 되어왔다"고 조르조 아감벤은 말하면서 덧붙인다. "존재론이 서구의 역사적 운명을 짊어지고 있는 이유는 존재에 설명할 수 없는 메타역사적인 힘이 있어서가 아니라, 반대로 존재론이 언어와 세계와의 역사적은, 헤겔에 따르면, 추정된 실체적 주어가 사실상의 실체라고 밝혀진 술어에 의해 부정되는 역학에 의해 구별된다. "따라서 사실상 요지는 더 이상 주어의 술어가 아니다. 오히려 그것이 실체요, 본질이며, 말해지고 있는 것이 무엇인지에 대한 개념이다. [⋯] 마치 주어가 영속적인 근거인 것처럼 주어에서 시작하는 [사고는, 거꾸로 술어가 실체가 됨으로써 주어가 술어로 넘어가고 그럼으로써 주어가 지양되었다는 것*을 발견한다."⁹

헤겔이 특히 사변적 개념들과 관련하여 하는 말은 일반화될 수 있다. 유의미성은 명사 자체에 있는 것이 아니라 재귀적 문장 구조들에 있다. 모든 개념은 그것이 한 문장의 주어가 된다는 사실과 문장의 술어구조에 의해 규정되며, 실체성 명사**를 문장으로 확장하는 것이 일반화이다. 문장의 주어를 향한 이런 재귀적 운동에서 부분과 전체와의 상이한 관계들이 지속적으로 출현한다. 각 단계마다 무언가 새로운 것이 생산된다.

———————

* **옮긴이**: 예를 들어, "신은 존재한다"에서 '존재'는 단지 술어이기보다 실체이며 본질이다. 그런데 '존재한다'는 술어를 통해 주어인 '신'이 규정되기에 '신'은 고정된 주어, 고정된 실체가 아니게 된다.
** **옮긴이**_ 실체성 명사는 움직이거나 변하는 성질을 가지지 않는 명사로서 '-하다'와 결합하여 동사나 형용사가 될 수 없다. '철수', '산', '나무', '사과' 등. '나는 사과를 좋아한다'에서 사과는 한 개의 사과가 아니라 사과 일반을 의미한다.

은, 헤겔에 따르면, 추정된 실체적 주어가 사실상의 실체라고 밝혀진 술어에 의해 부정되는 역학에 의해 구별된다. "따라서 사실상 요지는 더 이상 주어의 술어가 아니다. 오히려 그것이 실체요, 본질이며, 말해지고 있는 것이 무엇인지에 대한 개념이다. […] 마치 주어가 영속적인 근거인 것처럼 주어에서 시작하는 [사고]는, 거꾸로 술어가 실체가 됨으로써 주어가 술어로 넘어가고 그럼으로써 주어가 지양되었다는 것*을 발견한다."[9]

헤겔이 특히 사변적 개념들과 관련하여 하는 말은 일반화될 수 있다. 유의미성은 명사 자체에 있는 것이 아니라 재귀적 문장 구조들에 있다. 모든 개념은 그것이 한 문장의 주어가 된다는 사실과 문장의 술어구조에 의해 규정되며, 실체성 명사**를 문장으로 확장하는 것이 일반화이다. 문장의 주어를 향한 이런 재귀적 운동에서 부분과 전체와의 상이한 관계들이 지속적으로 출현한다. 각 단계마다 무언가 새로운 것이 생산된다.

---

* 옮긴이: 예를 들어, "신은 존재한다"에서 '존재'는 단지 술어이기보다 실체이며 본질이다. 그런데 '존재한다'는 술어를 통해 주어인 '신'이 규정되기에 '신'은 고정된 주어, 고정된 실체가 아니게 된다.
** 옮긴이_ 실체성 명사는 움직이거나 변하는 성질을 가지지 않는 명사로서 '-하다'와 결합하여 동사나 형용사가 될 수 없다. '철수', '산', '나무', '사과' 등. '나는 사과를 좋아한다'에서 사과는 한 개의 사과가 아니라 사과 일반을 의미한다.

존재와 (생성과) 사고

문장에서 명사나 주어가 술어의 명사적 조건이나 전제가 아니라면, 즉 우리가 '있다/존재하다to be'의 직설법 3인칭 동사형 '이다is'의 어떤 명사적 존재도 미리 전제할 수 없다면, 이는 실체성 명사와 우유적 동사 간의 문법적 구별은 물론 항상적 존재와 가변적 생성 간의 문법적 구별도 없앤다.

철학의 역사는 이렇게 어떤 면에서는 원점으로 돌아왔다. (그러나 단순히 처음으로 되돌아간 것은 아니다.) 소크라테스 이전의 초기 철학자들은 파르메니데스Parmenides를 시작으로 사고와 존재와의 엄격한 관계를 상정했다. 파르메니데스에 따르면 오직 존재하는 것, 즉 영원히 항상적인 것만을 사고할 수 있다. 수천 년 철학의 역사는 존재와 사고의 동일성이라는 형이상학적 개념에 대해 가능한 거의 모든 변형을 생산하고 반박했다. '존재'는 그 자체로 운동하고 있으며 궁극적으로 '생성'이다, '존재'는 궁극적으로 '유사성'에 지나지 않는다, 등등. 특히 근대의 형이상학에 대한 거부는 이제 다음과 같은 공식으로 축소될 수 있다. 존재와 사고는 상호 배타적이다. 사고는 존재를 전혀 파악할 수 없다. 심지어 근대의 반-형이상학적인 변형에서조차 근대의 회의주의 철학은 존재와 사고의 엄격한 상관관계라는 관점에서 사고한다. 이같이 근대의 사고는 지각을 통해 오직 간접적으로 그 존재를 추론할 수 있는 경우에서조차 여전히 존재 형태와 관련되어 있다.

사고와 존재의 이 상관주의에 대한 최선의 발상이 실재 자체에 대한 질문들과 인식론적 관심을 가르는 근대의 분리이다. 인식론과 존재론의 결정적인 분리는 사고와 존재의 전적인 구분을 나타낸다. 이와 같이 우리는 여기에서 **상관관계의 급진화**와 이에 수반하는 **존재와 사고의 총체적 변경**을 다루고 있다. 메이야수에 따르면 "사유 불가능한 것"은 "달리는 생각할 수 없는 우리의 무능력으로 우리를 되돌릴 뿐, 전적으로 달리 존재하는 사물의 절대적 불가능성으로 되돌리지 않는다. 그래서 이 궤적은 뭐든 절대적인 것을 사고한다는 가식의 사라짐이지 **절대적인 것들의 사라짐은 아니라는 것이 분명해진다**".[10]

미래지향적 사고

지난 두 세기 동안 사변speculatioon 개념에 대해 점점 더 부정적 의미들이 부여된 데에는 여러 이유가 있다. 일상적인 이해에서 추측하며 숙고한다는 것은 아마도 늘 현실과 동떨어진 것을 포함했던 것 같다. 비판철학은 사변적 형이상학을 붙들고 늘어졌는데, 이것이 경험적으로 진행하는 논증이기보다는 추상적이고 궁극적으로 설명되지 않은 원리들로부터 논증하는 것을 의미했기 때문이다. 더구나 최근의 재정 실험들과 그로 인해 발생한 경제 위기들로 인해 '스페큘레이션'*은 범죄적 의미까지 지니게 되었다.

이에 맞서 그리고 사변이 세상을 외면하는 경향이 있다는 편견에 맞서, 알프레드 노스 화이트헤드에서 이자벨 스텡어스 Isabelle Stengers에 이르는 사변철학의 옹호자들은 자신들의 분야가 어떤 주제도 배제하지 않으며 오히려 가능한 한 세상을 더 많이 이해하길 추구해야 한다고 거듭 강조했다. 사변적 사고에는 시각적이면서 미래지향적인 차원이 항상 새겨져 있었는데, 이는 염탐하다, 관찰하다를 의미하는 사변의 어원적 뿌리 스펙쿨라리speculari로 거슬러 올라간다. 사변은 양상적 사고의 한 형태로서, 언제나 동시대적 맥락과 주변 환경에서 영감을 얻으려고 노력하지만 통상적인 현재에 머무르지 않으며 시간의 앞과 뒤를 모두 살핀다.

추상, 부정, 사변

모든 사고는 직관적으로 접근 가능한 세계로부터의 추상에서 시작하며, 이 이유만으로도 형이상학적 요소를 지닌다. 우

---

* **옮긴이_** 스페큘레이션은 투기도 의미한다.

리가 분류, 유형화 또는 어떤 다른 형태의 추상화를 말하고 있던 상관없다. 고전적인 사변/변증법 그 철학자인 헤겔은 물론 알렉산드르 코제브Alexandre Kojève 같은 그의 후계자이자 주석가들에게도, 추상은 필연적으로 부정으로 이어진다. 사고는 사물이 오직 다른 사물과 구별될 때에만 그것이 무엇인지를 인식한다. 낮은 단지 밤의 반대일 뿐이다. 문자나 소리는 오직 그것이 다른 것과 구별되는 한에서만 의미가 있다.

사변은 이제 부정을 부정하면서 이러한 추상을 더욱 발전시키는데, 차이의 종합적 지양이라는 관념론적 의미에서가 아니다. 사변은 무엇보다 (바디우가 '진리-과정'이라고 한) 우리와 세계와의 관계를 전반적으로 (재)생산하는 것을 항상 의미한다. 새로운 것은 이미 존재하는 것이나 이미 사고된 것에 반사적으로 의지하여 출현하는 것이 아니라, 한층 깊은 소외를 통해서만 출현한다. 미래의 형이상학적 사변은, 우리가 이질적인 것과 환원 불가능한 것에 대한 두려움에 종지부를 찍어야 하며 이는 사고의 영역, 즉 노에시스noesis의 영역에서도 마찬가지라고 가르친다. 이 시적poetic 사변 또는 생산하는poietic 사변이라 할 수 있는 것, 즉 창작poiesis이라는 의미에서 새로운 것의 창조는 정신이 자기에게 도달하는 것이 아니라 늘 자신으로부터 소외되는 과정에서 항상 다른 것이 되는 것을 목표로 삼는다. 사변적 사고는 자아의 타자화 또는 자아의 변형뿐만 아니라 다른 미래도 목표로 삼는다. 세계와 자아의 끊임없는 전환. 이질적 사고Xenoesis.

미주

1장 서론: 형이상학

1 Ulrich Beck, *Risk Society: Towards a New Modernity*, trans. Mark Ritter (London: SAGE Publications, 1992), 142.

2 Martin Heidegger, *The Fundamental Concepts of Metaphysics: World, Finitude, Solitude*, trans. William McNeill and Nicholas Walker (Bloomington: Indiana University Press, 1995), 9.

3 Martin Heidegger, *Introduction to Metaphysics*, 2nd edn, trans. Gregory Fried and Richard Polt (New Haven: Yale University Press, 2014), 93.

4 Jean-Pierre Dupuy, *The Mark of the Sacred*, trans. M. B. Debevoise (Stanford: Stanford University Press, 2013), 67.

5 Frank Ruda and Agon Hamza, "An Interview with Catherine Malabou: Toward Epigenetic Philosophy," in *Crisis and Critique 5.1* (2018), 434–447.

6 Bruno Latour, *Facing Gaia: Eight Lectures on the New Climatic Regime* (Cambridge: Polity, 2017), 90f.

7 Ludwig Wittgenstein, *Tractatus Logico-Philosophicus*, trans. D. F. Pears and B. F. McGuinness (London: Routledge, 2001), 84.

8 Wolfram Eilenberger, *Zeit der Zauberer: Das große Jahrzehnt der*

Philosophie 1919 – 1929 (Stuttgart: KlettCotta, 2018).

9   Dietmar Dath, "Ein tiefes Loch in der Natur," in *Frankfurter Allgemeine Zeitung*, March 10, 2018.

10 Rupert Sheldrake, *The Science Delusion* (London: Coronet, 2012), 18.

11 Alfred North Whitehead, *Dialogues of Alfred North Whitehead* (Boston: David R. Godine, 2001), 363.

12 Walter Benjamin, *The Origin of German Tragic Drama*, trans. John Osborne (London: Verso, 1998), 39.

13 Yuk Hui, "Algorithmic Catastrophe – The Revenge of Contingency," in *Parrhesia* 23 (2015), 122–143 (139).

14 *Ibid.*, 122.

15 Luciana Parisi, *Contagious Architecture: Computation, Aesthetics, and Space* (Cambridge, Mass.: The MIT Press, 2013), 19.

16 Dupuy, *The Mark of the Sacred*, 27f.

17 Latour, *Facing Gaia*, 294.

18 Quentin Meillassoux, "Potentiality and Virtuality," trans. Robin Mackay, in Levi Bryant, Nick Srnicek, and Graham Harman, eds., *The Speculative Turn: Continental Materialism and Realism* (Melbourne: re.press, 2011), 224–236 (232).

19 *Ibid.*, 231.

20 Jussi Parikka and Tony D. Sampson, eds., *The Spam Book: On Viruses, Porn, and Other Anomalies from the Dark Side of Digital Culture* (New York: Hampton Press, 2009), 13.

21 Franco Berardi, "'How do we explain depression to ourselves?'" Bifo remembers Mark Fisher, in *Novara Media*, February 4, 2017, https://novaramedia.com/2017/02/04/how-do-we-explain-depression-to-ourselves-bifo-remembers-mark-fisher/

22 Larry Rosen, *iDisorder: Understanding Our Obsession with Technology and Overcoming Its Hold on Us* (New York: St. Martin's Press, 2013).

23 Catherine Malabou, *The New Wounded: From Neurosis to Brain Damage*, trans. Steven Miller (New York: Fordham University Press, 2012), xiv.

24 *Ibid.*, 5.

25 Ed Finn, *What Algorithms Want: Imagination in the Age of Computing* (Cambridge, Mass.: The MIT Press, 2017), 47.

26 Michel Foucault, *The Order of Things: An Archaeology of the Human Sciences* (New York: Vintage Books, 1994), 127f.

27 Gregory Chaitin, "Life as Evolving Software," in Hector Zenil, ed., *A Computable Universe: Understanding and Exploring Nature as Computation* (Hackensack: World Scientific Publishing Co., 2012), 297–322.

28 Immanuel Kant, *Kant on Swedenborg: Dreams of a Spirit-Seer and Other Writings*, ed. Gregory R. Johnson, trans. Gregory R. Johnson and Glenn Alexander Magee (West Chester: Swedenborg Foundation Publishers, 2002), 39.

29 *Ibid.*, 39f.

30 Elizabeth A. Povinelli, *Geontologies: A Requiem to Late Liberalism* (Durham: Duke University Press, 2016), 14.

31 Michael Wheeler, "Thinking Beyond the Brain: Educating and Building, from the Standpoint of Extended Cognition," in Matteo Pasquinelli, ed., *Alleys of Your Mind: Augmented Intelligence and Its Traumas* (Lüneberg: Meson Press, 2015), 85–104 (103).

32 Benjamin H. Bratton, *The Stack: On Software and Sovereignty* (Cambridge, Mass.: The MIT Press, 2015), 364.

33 Benjamin H. Bratton, "Outing Artificial Intelligence: Reckoning with Turing Tests," in Pasquinelli, ed., *Alleys of Your Mind*, 69–80 (74).

34 Dirk Baecker, "Verstehen wir das, worüber wir reden?", in *Neue Zürcher Zeitung*, March 2, 2018.

35 Stephen Buranyi, "Rise of the racist robots – how AI is learning all

our worst impulses," *Guardian*, August 8, 2017, https://www.theguardian.com/inequality/2017/aug/08/rise-of-the-racist-robots- how-ai-is-learning-allour-worst-impulses.

36 Benjamin H. Bratton, "The City Wears Us: Notes on the Scope of Distributed Sensing and Sensation," in *Glass Bead 1: Site 1: Logic Gate, the Politics of the Artifactual Mind* (2017), http://www.glass-bead.org/article/city-wears-us-notes-scope-distribute d- sensingsensation/?lang=enview.

2장 변화하는 시대

1   Rob Nixon, *Slow Violence and the Environmentalism of the Poor* (Cambridge, Mass.: Harvard University Press, 2011), 2.

2   Daniel Falb, *Geospekulationen: Metaphysik für die Erde im Anthropozän* (Berlin: Merve, 2019).

3   Sebastian Rödl, *Categories of the Temporal*, trans. Sibylle Salewski (Cambridge, Mass.: Harvard University Press, 2012), 42f.

4   *Ibid.*, 57.

5   *Ibid.*, 79.

6   Latour, *Facing Gaia*, 242f.

7   Michio Kaku, *Physics of the Future: How Science Will Shape Human Destiny and Our Daily Lives by the Year 2100* (New York: Anchor, 2012), 114.

8   Finn, *What Algorithms Want*, 160.

9   *Ibid.*, 50.

10 Arjun Appadurai, *Banking on Words: The Failure of Language in the Age of Derivative Finance* (Chicago: University of Chicago Press, 2016), 152.

11 Grégoire Chamayou, *A Theory of the Drone*, trans. Janet Lloyd (New York: The New Press, 2015), 32.

12 *Ibid.*, 68.

13 Parisi, *Contagious Architecture*, xiii.

14 *Ibid.*, 71.

15 Terrence W. Deacon, *Incomplete Nature: How Mind Emerged from Matter* (New York: W. W. Norton, 2012), 36f.

16 Kaku, *Physics of the Future*, 82.

17 R. Scott Bakker, "The Last Magic Show: A Blind Brain Theory of the Appearance of Consciousness," 2. Available at https://www.academia.edu/1502945/The_Last_Magic_Show_A_Blind_Brain_Theory_of_the_ Appearance_of_Consciousness.

18 James Trafford, "Re-engineering Commonsense," in *Glass Bead 1* (2017), http://www.glass-bead.org/article/re-engineering-commonsense/ ?lang= enview.

19 James Lovelock, *A Rough Ride to the Future* (London: Allen Lane, 2014), 64.

20 Donna Haraway, *Staying with the Trouble: Making Kin in the Chthulucene* (Durham: Duke University Press, 2016), 33.

21 Gary Tomlinson, "Semiotic Epicycles and Emergent Thresholds in Human Evolution," in *Glass Bead 1* (2017).

22 Bakker, *The Last Magic Show*.

23 Terrence W. Deacon, *The Symbolic Species: The Co-evolution of Language and the Brain* (New York: W. W. Norton, 1997), 122.

24 Walter Benjamin, "On Language as Such and on the Language of Man," in *Selected Writings*, vol. 1: 1913– 1926, eds. Marcus Bullock and Michael W. Jennings (Cambridge, Mass.: Harvard University Press, 1996), 62–74 (63).

25 Finn, *What Algorithms Want*, 5.

26 Tomlinson, "Semiotic Epicycles."

27 Finn, *What Algorithms Want*, 62.

28 Charles Sanders Peirce, *Collected Papers of Charles Sanders Peirce,*

vol. 5: Pragmatism and Pragmaticism (Cambridge, Mass.: Harvard University Press, 1935), 106.

29 Steven Shaviro, *Discognition* (London: Repeater, 2016), 12.

30 Ray Brassier, "Concepts and Objects," in Bryant et al., eds., *The Speculative Turn*, 47, 49.

31 Bruno Latour, *Pandora's Hope: Essays on the Reality of Science Studies* (Cambridge, Mass.: Harvard University Press, 1999), 69.

32 Quentin Meillassoux, "Metaphysics, Speculation, Correlation," in *Pli: The Warwick Journal of Philosophy* 22 (2011), 3–25 (12).

33 M. Rainer Lepsius, *Institutionalisierung politischen Handelns: Analysen zur DDR, Wiedervereinigung und Europäischen Union* (Wiesbaden: Springer VS, 2013), 14.

34 Jacques Rancière, *Dis-agreement: Politics and Philosophy*, trans. Julie Rose (Minneapolis: University of Minnesota Press, 1999), 28.

35 *Ibid.*, 30.

36 Davor Vidas, "When the Sea Beings to Dominate the Land," in *Technosphere Magazine*, April 15, 2017, https://technosphere-magazine.hkw.de/p/When-theSea-Begins-to-Dominate-the-Land-xcY33UY61frB2X4 JTntqhD. Cf. Davor Vidas, "The Anthropocene and the International Law of the Sea," in Philosophical Transactions of the Royal Society A: Mathematical, Physical and Engineering Sciences 369/1938 (2011), 914.

37 *Ibid.*

38 Chamayou, 57.

39 *Ibid.*, 54.

40 *Ibid.*, 64.

41 *Ibid.*, 16f.

42 *Ibid.*, 84.

43 *Ibid.*, 101, 99.

44 Hannah Arendt, *On Revolution* (New York: Penguin, 2006), 149.

3장 사변

1   Quentin Meillassoux, *After Finitude: An Essay on the Necessity of Contingency, trans. Ray Brassier* (London: Continuum, 2008), 46.

2   Karl Marx, *Capital: A Critique of Political Economy*, vol. 1, trans. Ben Fowkes (London: Penguin, 1990), 163.

3   Cathy O'Neil, *Weapons of Math Destruction: How Big Data Increases Inequality and Threatens Democracy* (New York: Crown, 2016), 3.

4   Jean-Pierre Dupuy, *Economy and the Future: A Crisis of Faith, trans. M. B. DeBevoise* (East Lansing: Michigan State University Press, 2014), 56.

5   Chris Anderson, "The End of Theory: The Data Deluge Makes the Scientific Method Obsolete," in *Wired*, June 23, 2008.

6   Giorgio Agamben, *Profanations*, trans. Jeff Fort (New York: Zone Books, 2007), 77.

7   Meillassoux, After Finitude, 48.

8   Giorgio Agamben, *The Use of Bodies* (Homo Sacer IV, 2), trans. Adam Kotsko (Stanford: Stanford University Press, 2016), 112, 111.

9   Georg Wilhelm Friedrich Hegel, *The Phenomenology of Spirit*, trans. Terry Pinkard (Cambridge: Cambridge University Press, 2018), 38.

10 Meillassoux, *After Finitude*, 44.

찾아보기

지은이

아르멘 아바네시안Armen Avanessian

1973년 오스트리아 빈 출신으로 하이퍼스티션(Hyperstition) 연구자, 출판활동가, 철학자이다. 빈과 파리에서 철학과 정치학을 공부하고 독일 빌레펠트 대학교에서 문학박사 학위를 받은 후 파리와 런던에서 무소속 기자와 편집자로 일했다. 2007년 이후 베를린 자유대학교를 비롯하여 여러 대학과 예술 기관에서 연구했으며, 2019년 토마스 만 펠로로 활동했다. 2011년에 '사변적 시학Spekulative Poetik'이라는 연구 및 출판 플랫폼을 설립했으며, 2014년부터 독일 출판사 메르베(Merve)에서 수석 편집자로도 활동하고 있다. 사변적 실재론과 가속주의에 관한 그의 작업은 학계를 넘어 폭넓은 영향을 미쳤다. 2015년에 시사잡지 『와이어드Wired』는 그를 지적 혁신가로 명명했다. 그의 저서는 『#가속하라: 가속주의자 독본』(2014, 공동편집), Metanoia: Ontologie der Sprache(2014, 공저), Irony and the Logic of Modernity(2015), 『미래의 형이상학Metaphysik zur Zeit』(2018), *Konflikt: Von der Dringlichkeit, Probleme von morgen schon heute zu lösen*(2022) 등이 있으며 여러 언어로 번역되었다.

옮긴이

한정라

이화여자대학교에서 철학을 공부하고, 미국 미네소타대학교에서 사회과학 방법론에 관심을 기울이며 철학 박사과정과 페미니즘 연구 과정을 수료했다. 『미묘한 전쟁』, 『마음과 몸의 문제』, 『자유의지』, 『근대과학 형성과 가내성』, 『전쟁의 프레임들』 등을 번역하였다.

한울아카데미 2560

미래의 형이상학

지은이 아르멘 아바네시안
옮긴이 한정라
펴낸이 김종수
펴낸곳 한울엠플러스(주)
편집 조수임

초판 1쇄 인쇄 2025년 1월 20일
초판 1쇄 발행 2025년 2월 25일

주소 10881 경기도 파주시 광인사길 153 한울시소빌딩 3층
전화 031-955-0655
팩스 031-955-0656
홈페이지 www.hanulmplus.kr
등록번호 제406-2015-000143호

Printed in Korea.
ISBN 978-89-460-7560-3 93100(양장)
      978-89-460-8360-8 93100(무선)

※ 책값은 겉표지에 표시되어 있습니다.